Schriftenreihe
des Kölner Anwaltvereins

Stefan Zimmermann
Eheverträge, Scheidungs- und Unterhaltsvereinbarungen

Die Deutsche Bibliothek – CIP-Einheitsaufnahme

Zimmermann, Stefan:
Eheverträge, Scheidungs- und Unterhaltsvereinbarungen/
Stefan Zimmermann. - 2. Aufl. - Bonn : Dt. Anwaltverl., 1996
  (Schriftenreihe des Kölner Anwaltvereins ; 7)
  ISBN 3-87389-124-7
  NE: Kölner Anwaltverein: Schriftenreihe des Kölner Anwaltvereins e.V.

Copyright 1996 by Deutscher Anwaltverlag, Bonn
Satz und Druck: Hans Soldan Druck GmbH, Essen
Titelgestaltung: D sign Korn, Solingen
ISBN: 3-87389-124-7

Eheverträge, Scheidungs- und Unterhaltsvereinbarungen

2. Auflage 1996

Notar Dr. Stefan Zimmermann, Köln

DeutscherAnwaltVerlag

Vorbemerkung

Eheverträge finden in der Beratungspraxis zunehmend Aufmerksamkeit, weil das gesetzliche Leitbild, das unserem derzeitigen Eherecht zugrundeliegt, in einer Vielzahl der Fälle nicht mehr paßt. Dieses Leitbild ist geprägt von der Ehe auf Lebenszeit zwischen Partnern, bei denen der eine erwerbstätig ist, der andere den Haushalt führt und Kinder erzieht (Einverdiener-Hausfrauenehe). Die Kautelarjurisprudenz hat längst erkannt, wie unterschiedlich die Motivation der Paare bei einer Eheschließung angelegt sein kann. Das hat zum einen zu einer neuen Ehevertragstypenlehre geführt, (vgl. z. B. Langenfeld FamRZ 1987, 9). Zum anderen wird der Begriff des „Ehevertrages" nicht mehr rein güterrechtlich, sondern im erweiterten Begriffssinne verstanden, erweitert um unterhaltsrechtliche und versorgungsausgleichsrechtliche Fragen für den Fall der Beendigung der Ehe. Als typische Fallgruppen werden z. B. die Doppelverdienerehe ohne Kinderwunsch behandelt, die Zweitehe im vorgerückten Alter, die sogenannte Diskrepanzehe bei großen Alters- und Verdienstunterschieden etc. Für jeden Typ werden Modelle einer vertraglichen Regelung entwickelt, die die typischen Anliegen der Vetragspartner umsetzen sollen.

Nachstehende Schrift beschränkt sich auf eine schlagwortartige Zusammenstellung der mit dem Ehevertrag im erweiterten Sinne zusammenhängenden Regelungsfragen. Sie enthält Formulierungsvorschläge, ohne Formulare anzubieten. Sie enthält sich bewußt kompletter Lösungsvorschläge, weil dies ohne umfangreiche Kommentierung der zugrundeliegenden jeweiligen Beratungssituation die Gefahr in sich bergen würde, spezifische Problemfelder des Einzelfalles nicht zu berücksichtigen. Deshalb sei diese Schrift lediglich als Einführung und Repetitorium empfohlen, das den schnellen Überblick und den Zugang zur Materie verschafft. Auf weiterführende Literatur und ggfs. Vertragshandbücher sollte man ergänzend zurückgreifen.

Inhalt

A. Güterrecht	11
1. Allgemeine Regeln, gesetzlicher Güterstand	11
1.1 Feststellung der Vermögensverhältnisse	11
1.2 Schlüsselgewalt	12
1.3 Abweichende Regelung der Vermögensverwaltung	14
1.4 Verfügungsbeschränkungen	15
1.5 Teilweiser Ausschluß des Zugewinns	16
1.6 Änderung des Berechnungs- und Bewertungsverfahrens	17
1.7 Steuerklausel	21
2. Gütertrennung	22
2.1 Besonderheiten	22
2.2 Entstehung	23
2.3 Gütertrennung empfehlen?	24
3. Gütergemeinschaft	29
3.1 Grundzüge	29
3.2 Wertung	29
3.3 Regelungen	31
4. Ausgleich und Rückforderung von Zuwendungen zwischen Ehegatten	32
4.1 Anspruchsbegründung	32
4.2 Wertmäßige Verrechnung im Zugewinnausgleich	34
4.3 Gemeinsame Schulden	37
5. Fälle mit Auslandsberührung, deutsch-deutsche Fragen	39
5.1 Grundzüge	39
5.2 Rechtswahl	41
5.3 Vertriebene, Flüchtlinge, Aussiedler, ehemalige DDR-Bürger	44
5.3.1 Rechtslage vor der deutschen Vereinigung	44
5.3.2 Rechtslage nach dem 3. Oktober 1990	45

B. Vereinbarungen über den Versorgungsausgleich 49
1. Gesetzliche Ausgleichsformen – Überblick 49
   1.1 § 1587 Abs. 1 und 2:
       Splitting und Quasi-Splittung 49
   1.2 Schuldrechtlicher Versorgungsausgleich 52
   1.3 Auswirkungen des Härteregelungsgesetzes 54
   1.4 Beispiel 57
   1.5 Der verlängerte schuldrechtliche Versorgungsausgleich 58
   1.6 Abänderungsmöglichkeiten 60
2. Vereinbarungsmöglichkeiten 62
   2.1 Verhältnis §§ 1408 - 1587o BGB 62
   2.2 § 1408 Abs. 2 BGB 67
   2.3 Kombinierte Vereinbarungen nach
       §§ 1408, 1587o BGB 70
3. Inhaltliche Schranken einer Vereinbarung nach § 1408 . 72
   3.1 Beurteilungskriterien: Scheidungnähe 72
   3.2 Vollständiger Ausschluß 74
   3.3 Modifizieren 79
   3.3.1 Herausnahme einzelner Versorgungen 79
   3.3.2 Änderungen im Berechnungsverfahren 81
   3.3.2.1 Abänderung des Ausgleichszeitraums 81
   3.3.2.2 Abänderung der Ausgleichsquote 82
   3.3.2.3 Änderung der Einzelberechnung nach
           § 1587a BGB, Supersplittingklausel 84
   3.3.3 Vereinbarung einer anderen Ausgleichsform 87
   3.3.3.1 Versorgungsausgleich durch Beitragsentrichtung 87
   3.3.3.2 Vereinbarung der Realteilung gemäß § 1
           Abs. 2 VAHRG 89
   3.3.3.3 Vereinbarung des schuldrechtlichen
           Versorgungsausgleichs 91
4. Prüfung von Vereinbarungen im Scheidungsverfahren
   (§ 1587o BGB) 95
   4.1 Prüfungsmaßstäbe 95

4.2 Anerkannte Fallgruppen 97
4.2.1 „Entschädigungsloser" Verzicht 97
4.2.2 Entschädigungsloser Ausschluß des
       schuldrechtlichen Ausgleichs 100
4.2.3 Verzicht gegen Gegenleistung 100
4.2.4 Angemessenheit der Gegenleistung 104
4.2.5 Vereinbarte Härtefälle 105

5. Verbot des Super-Splitting
   (§ 1587o Abs. 1 Satz 2 BGB) 107

6. Vereinbarungen im Hinblick auf das Gesetz
   zur Regelung von Härten im Versorgungsausgleich 111
   6.1 Verlängerung des schuldrechtlichen Versorgungs-
       ausgleichs 111
   6.2 Vermeidung des Versorgungsausgleichs durch
       Beitragsentrichtung 112
   6.3 Abänderung von Vereinbarungen 113

7. Sonstige Fragen 113
   7.1 Ermittlungspflichten von Gerichten und Notaren . 113
   7.2 Formbedürftigkeit 116
   7.3 Auslandsberührung, deutsch-deutsche Fälle 118

C. Unterhaltsvereinbarungen 121

1. Getrenntlebensunterhalt 121

2. Nachehelicher Unterhalt 123
   2.1 Grundsätzliches 123
   2.2 Umfassender Unterhaltsverzicht 125
   2.3 Verzicht gegen Gegenleistung
       (Schuldumschaffung) 128
   2.4 Unterhaltsverzicht unter Bedingungen 130
   2.5 Sonstige Modifizierungen 132
   2.6 Abänderbarkeit, Wertsicherung, Auskunft 141

3. Kindesunterhalt 147

4. Steuerfragen 150
5. Auslandsberührung, deutsch-deutsche Fragen 152
   5.1 Auslandsberührung 152
   5.2 Deutsch-deutsche Fälle 153

Stichwortverzeichnis 157

A. Güterrecht

1. Allgemeine Regeln, gesetzlicher Güterstand

1.1 Feststellung der Vermögensverhältnisse

Fall: Eheleute A und B wollen einen Ehevertrag schließen und Gütertrennung vereinbaren. A hat Schulden sowie Unterhaltsverpflichtungen aus erster Ehe. Er hat sich außerdem gerade selbständig gemacht. Er befürchtet, daß das Vermögen der B bei Beibehaltung des gesetzlichen Güterstandes gefährdet würde.

Typische Beratungssituation! Der Laie verkennt, daß Zugewinngemeinschaft eine Gütertrennung mit Ausgleich bei Beendigung des Güterstandes, keine Errungenschaftsgemeinschaft oder ähnliches ist. Es gibt rechtlich keine Gesamthaftungsmasse, vielmehr das Problem des Vollstreckungszugriffs. Dieses ist aber bei Zugewinngemeinschaft wie Gütertrennung identisch.

§ 1362 BGB vermutet zugunsten der Gläubiger eines Ehegatten, daß die in seinem oder im ehelichen gemeinsamen Besitz befindlichen beweglichen Sachen dem Schuldner gehören. Ausnahmen: Getrenntleben und Alleinbesitz des anderen Ehegatten, Gegenstände des ausschließlichen persönlichen Gebrauchs. Die Vermutung ist widerlegbar, § 292 ZPO.

Greift die Vermutung ein, gilt für die Zwangsvollstreckung zwingend die Gewahrsamsfiktion des § 739 BGB. Der andere Ehegatte hat nicht die Möglichkeit der Erinnerung nach § 766 ZPO, ihm verbleibt nur die Drittwiderspruchsklage als Eigentümer nach § 771 ZPO.

A. Güterrecht

Möglichkeiten:

- Aufnahme eines Vermögensverzeichnisses, sei es als vollständige Aufzeichnung des Anfangsvermögens (§ 1377 I BGB), sei es als Eigentumsfeststellung bezüglich bestimmter Gegenstände.

- Eigentumsfeststellung bezüglich eines Sachinbegriffs (gesamte Wohnungseinrichtung, Hausrat) mit Besitzkonstitut.

Formulierung

a) „Die Beteiligten stellen fest, daß die anliegend in der Liste unter A aufgeführten Gegenstände im Alleineigentum des Ehegatten A stehen, während die in B aufgeführten Gegenstände im Alleineigentum des Ehegatten B stehen (Damit ist das Anfangsvermögen der Ehegatten vollständig inventarisiert.)

b) Die Eheleute stellen fest, daß der gesamte vorhandene Hausrat in der ehelichen Wohnung Köln, X-Str. 20, ferner der PKW mit dem amtlichen Kennzeichen K-AB 223, im Alleineigentum der Ehefrau stehen. (Im einzelnen wird auf die anliegende Auflistung verwiesen.)"

Beweiswert ergibt sich erst bei notarieller Beurkundung, mindestens ist eine notarielle Beglaubigung der Unterschriften erforderlich. Bewiesen wird für den Fall, daß bisher anderweitige Eigentumsverhältnisse bestanden, der alleinige Eigentumserwerb und die Vermutung des Fortbestandes desselben (BGH NJW 1976, 238).

1.2 Schlüsselgewalt

Fall: Die B kauft nach entsprechender Feststellung des Vermögens für den ehelichen Haushalt eine Waschmaschine, die bar aus der Haushaltskasse gezahlt wird.

Offensichtlich handelt es sich um eine Geschäft im Rahmen der sog. Schlüsselgewalt des § 1357 BGB. Nach wohl herrschender Meinung wirkt diese Vorschrift auch dinglich in der Weise, daß

A. Güterrecht

– unabhängig vom Güterstand! – die Ehegatten an dem erworbenen Gegenstand Miteigentümer zu je ½ Anteil werden (Soergel – Lange, § 1357 Rdn. 23 mwN, zur Kritik Langenfeld, Handbuch der Eheverträge und Scheidungsvereinbarungen, 2. Aufl., München 1989, Seite 34, Rdn. 32). In die entgegengesetzte Richtung wirkt § 1370, der für als Ersatz eines ausgemusterten Haushaltsgegenstandes angeschaffte Gegenstände eine Eigentumssurrogation annimmt. Die tatsächlichen Unklarheiten müssen durch entsprechende Abfassung der Vereinbarung vermieden werden.

Formulierung:

„Soweit für den ehelichen Haushalt künftig Ersatzgegenstände oder überhaupt weitere Gegenstände angeschafft werden, sollen diese ebenfalls in das ausschließliche Alleineigentum der Ehefrau fallen. Über die Eigentumszuweisung sind sich die Beteiligten bereits vorab einig. Der andere Ehegatte wird lediglich ehelicher Mitbesitzer. Die Beteiligten werden sich bei Erwerb stets entsprechende Belege ausstellen lassen."

Vielfach entspricht es dem Willen und dem Interesse der Beteiligten, zusätzlich zugleich die Anwendung von § 1357 BGB überhaupt auszuschließen, zumindest eine wechselseitige Ausschlußerklärung ist zulässig, die Zulässigkeit einer Vereinbarung ist umstritten (Pal-Diederichsen, § 1357 Anm. 1 g; Schleswig FamRZ 1994, 444)

Formulierung:

„Wir schließen hiermit wechselseitig die Befugnis des anderen Ehegatten, Geschäfte mit Wirkung für einen Ehegatten gemäß § 1357 BGB zu besorgen, vertraglich aus. Diese Erklärung geben wir jeweils dem Güterrechtsregister gegenüber ab, in das die Eintragung beantragt wird. Der Notar wird mit dem weiteren Vollzug beauftragt."

Zumindest notarielle Beglaubigung erforderlich, § 1560 BGB (Wiederholung bei Verlegung des Wohnsitzes in anderen Gerichtsbezirk nötig, § 1559 BGB!). Die Eintragung ist unbedingt zu empfehlen, da nur dann Wirkung gegenüber Dritten, § 1412 BGB.

1.3 Abweichende Regelung der Vermögensverwaltung

Fall: A macht die Beibehaltung des gesetzlichen Güterstandes davon abhängig, daß er für die Verwaltung des Vermögens der B verantwortlich ist.

Bis zum Inkrafttreten des Artikels 3 Grundgesetz für den Güterstand (1. 4. 1953) galt als gesetzlicher Güterstand der Güterstand der ehemännlichen Verwaltung und Nutzung. Er kann als solcher nicht mehr vereinbart werden (§ 1409 BGB). Jeder Ehegatte verwaltet sein Vermögen selbständig, für das geltende Recht vergleiche § 1364 BGB. Die Überlassung der Verwaltung an den anderen Ehegatten ist formlos möglich, im Außenverhältnis bedarf es einer entsprechenden Vollmacht. Soll sie unentziehbar sein, ist eine ehevertragliche Regelung erforderlich, vergleiche § 1413 BGB. Da unwiderrufliche Vollmachten genereller Art unzulässig sein können (vergleiche Pal-Heinrichs § 167 Anm. 3), ist eine Unterlegung einer solchen Vollmacht durch Ehevertrag unbedingt zu empfehlen.

Formulierung:

„Die Beteiligten vereinbaren, daß das Vermögen der Ehefrau durch den Ehemann verwaltet wird. Es wird in gesonderter Urkunde entsprechende unwiderrufliche Vollmacht auf den Ehemann erteilt. Die Eintragung der Verwaltungsregelung in das zuständige Güterrechtsregister wird beantragt, mit ihrer Durchführung wird der Notar beauftragt.

Ein Widerruf aus wichtigem Grund bleibt unbenommen, insbesondere bei Stellung eines Scheidungsantrages."

1.4 Verfügungsbeschränkungen

Fall: A's Vermögen besteht im wesentlichen aus einem Grundstück, dessen Eigentümer er schon vor Eheschließung war. Dieses soll veräußert werden.
B benötigt Geld und verkauft die ihr gehörende Waschmaschine. In beiden Fällen wird die Übereignung vollzogen.

§§ 1365, 1369 BGB stellen **im gesetzlichen Güterstand** Verfügungsbeschränkungen auf. Eine Ehegatte soll sich nicht durch die Veräußerung seines Vermögens faktisch dem Zugewinnausgleich zugunsten des anderen Ehegatten entziehen können (§ 1365 BGB), der Bestand des gemeinsamen Hausrates soll geschützt werden (§ 1369 BGB). Beide Veräußerungen sind absolut unwirksam (BGHZ 40, 218) ein Gutglaubensschutz nach § 135 Abs. 2 BGB findet nicht statt. Allerdings gilt zu § 1365 BGB die subjektive Theorie, wenn Vertragsobjekt ein Einzelgegenstand ist (BGHZ 43, 174, 64, 246), so daß der Vertragspartner die Umstände, die zur Ausschöpfung des Vermögens durch dieses Rechtsgeschäft führen, kennen muß, wenn die Vorschrift zur Anwendung gelangen soll. Entscheidend ist der Zeitpunkt des Vertragsabschlusses. Das Vermögen ist im wesentlichen ausgeschöpft, wenn der verbleibende Rest weniger als 15 % des ursprünglichen Gesamtvermögens beträgt (BGHZ 77, 299).

Die Beschränkungen werden vielfach nicht als zeitgemäß empfunden, sie können abbedungen werden. Vor allem ist darauf zu achten, daß einzelne Vermögensgegenstände nicht blockiert werden, etwa ein Handelsgeschäft oder eine gesellschaftliche Beteiligung hieran. Die Abbedingung bedarf eines förmlichen Ehevertrages.

Formulierung:

„Unter Beibehaltung des gesetzlichen Güterstandes im übrigen schließen wir für unsere Ehe die Verfügungsbeschränkungen der §§ 1365, 1369 BGB aus.

Oder: Unter Beibehaltung des gesetzlichen Güterstandes im übrigen vereinbaren wir, daß der Ehemann über sein betriebliches Vermögen sowie Unternehmen oder Gesellschaftsbeteiligungen jeder Art ohne Zustimmung des Ehegatten frei verfügen kann. Wir beantragen insoweit die Eintragung in das Güterrechtsregister, die durch den Notar herbeigeführt werden soll."

Eintragung in das Güterrechtsregister ist unbedingt zu empfehlen, um Drittwirkung herzustellen.

1.5 Teilweiser Ausschluß des Zugewinns

Fall: A und B wollen während ihrer Ehe ihre Vermögensmassen getrennt halten und bei Beendigung ihrer Ehe einen Zugewinnausgleich ausschließen. A's Vater verlangt von ihm Gütertrennung zu vereinbaren, um den Familienbetrieb an seinen Sohn übergeben zu können.

Vielfach wird Gütertrennung vereinbart, um Belastungen im Falle einer eventuellen Scheidung zu vermeiden, die dazu führen könnten, daß das Familienvermögen zerschlagen wird. Für solche Fälle ist es völlig ausreichend, nur den Scheidungsfall selbst in dieser Weise zu regeln. Insbesondere sollte der Zugewinnausgleich im Todesfall beibehalten werden, um den Vorteil des § 5 Abs. 1 ErbStG zu erhalten. Wird die Zugewinngemeinschaft durch Tod beendet und der Zugewinn nicht konkret nach § 1371 Abs. 2 BGB ausgeglichen, gilt der Betrag, den der überlebende Ehegatte nach § 1371 Abs. 2 BGB auch geltend machen könnte, nicht als steuerlicher Erwerb. Um diesen Steuervorteil zu erhalten, muß es beim Zugewinnausgleich im Todesfall verbleiben.

Formulierung:

„Wir vereinbaren unter Aufrechterhaltung des gesetzlichen Güterstandes im übrigen den Wegfall des Zugewinnausgleichs für den Fall, daß unsere Ehe auf andere Weise als durch den Tod eines Ehegatten beendet werden sollte. Dieser Ausschluß gilt auch für einen vorzeitigen Zugewinnausgleich bei Getrenntlebenden."

Zulässig ist auch, abweichend von § 1378 BGB anzuordnen, daß eine geringere Quote als die Hälfte des Zugewinns zum Ausgleich gelangt. Geht es lediglich um die vorstehend beschriebene Erhaltung des Steuervorteils, wird zivilrechtlich für zulässig gehalten, eine konkrete Berechnung des Zugewinns dadurch zu erübrigen, daß für die Berechnung des Zugewinns pauschal die Regelung des § 1371 Abs. 1 zur Anwendung gelangt (Münchkomm/Gernhuber § 1371 Rdn. 7). Die erbschaftsteuerliche Anerkennung dieser Lösung, die dem vor 1974 geltenden Erbschaftsteuerrecht entspricht, ist jedoch seit der Neufassung von § 5 Abs. 1 ErbStG durch Gesetz vom 21. 12. 1993 (BGBl. I, 2310) nicht mehr möglich.

Formulierung:

„Wird die Ehe durch Tod aufgelöst, so findet der Zugewinnausgleich in der Weise statt, daß abweichend von § 1378 BGB pauschal ¼ des Vermögenssteuerwertes des Nachlasses als ausgleichspflichtiger Zugewinn gilt."

1.6 Änderung des Berechnungs- und Bewertungsverfahrens

Grundzüge:

- Zugewinn ist der Betrag, um den das Endvermögen (§ 1375 BGB) das Anfangsvermögen (§ 1374 BGB) übersteigt (§ 1378 BGB).

- Zunächst ist das Anfangsvermögen jedes Ehegatten zu ermitteln. Es gilt der Verkehrswert bei Beginn des Güterstandes (§ 1376 Abs. 1 BGB). Während der Ehe durch Erbschaft, Schenkung oder Ausstattung hinzugekommene Gegenstände gelten als Anfangsvermögen (§ 1374 Abs. 2 BGB). Zu Beginn der Ehe bestehende Verbindlichkeiten werden bis auf 0 abgezogen (§ 1374 Abs. 1 BGB). Dem Anfangsvermögen wird der auf die Gegenstände entfallende „Geldwertschwund" zugeschlagen (BGHZ 61, 385). Mangels Feststellbarkeit ist das Anfangsvermögen mit 0 anzusetzen (§ 1377 Abs. 3 BGB).

– Sodann ist das Endvermögen jedes Ehegatten zu ermitteln. Das gilt grundsätzlich auch zum Beispiel bei Gesellschaftsbeteiligungen, die nach Gesellschaftsvertrag mit einem geringeren Wert im Falle des Ausscheidens abgefunden werden (Soergel – Lange § 1376 Rdn. 14 mwN). Werden Gegenstände des Anfangsvermögens über den Geldwertschwund hinaus wertvoller (z. B. Baugrund), fällt diese Wertsteigerung in das Endvermögen. Hat ein Ehegatte entweder in Benachteiligungsabsicht oder über Anstandsschenkungen hinaus verschenkt oder verschwendet, gilt diese Vermögensminderung als nicht erfolgt (§ 1375 Abs. 2 BGB), wenn sie nicht mindestens 10 Jahre zurückliegt.

1.6.1 **Fall:** A und B haben bereits längere Zeit zusammengelebt und vom guten Einkommen des A gemeinsam Anschaffungen gemacht. Man möchte auf die Aufstellung eines Vermögensverzeichnisses verzichten. Die Mehraufwendungen des A in Höhe von etwa 30.000,– DM sollen jedoch honoriert werden.

Es muß sichergestellt sein, daß A beim Zugewinnausgleich einen Vorteil hat. Würde man die Quote des Ausgleichs ändern, wäre die Größe des Vorteils von der Höhe des Zugewinns abhängig. Folglich empfiehlt sich, den Betrag von 30.000,– DM als Anfangsvermögen festzusetzen bzw. dem Anfangsvermögen zuzuschlagen.

Formulierung:

„Das Anfangsvermögen des Ehemannes wird mit 60.000,– DM, das Anfangsvermögen der Ehefrau mit 30.000,– DM festgesetzt"

1.6.2 **Fall:** Weder bei A noch bei B ist ein Anfangsvermögen vorhanden. A hat jedoch 30.000,– DM Schulden. Nach 10-jähriger Ehe sind diese Schulden abgetragen, außerdem hat A weiteres Vermögen in Höhe von 20.000,– DM erworben.

Würde man die Schulden des A unberücksichtigt lassen, hätte B einen Zugewinnausgleichsanspruch in Höhe von 10.000,– DM, da das Gesetz kein negatives Anfangsvermögen vorsieht. Dem kann entgegengesteuert werden, indem ehevertraglich ein negatives Anfangsvermögen festgesetzt wird. A's Zugewinn betrüge somit 50.000,– DM, er hätte 25.000,– DM auszugleichen. Die Höhe der Ausgleichsforderung wird allerdings durch das vorhandene Nettovermögen beschränkt, § 1378 Abs. 2.

Formulierung:

„Der Ehemann hat Schulden in Höhe von 30.000,– DM. Sein Anfangsvermögen wird deshalb mit minus 30.000,– DM festgesetzt. Die Ehefrau hat kein Anfangsvermögen."

1.6.3 **Fall:** A hat im Anfangsvermögen ein Miethaus, das jährlich 100.000,– DM Nettoerträge abwirft. Er und B sind mittlere Angestellte, nennenswerte Vermögenszuwächse sind während der Ehe nicht erfolgt. Nach 10jähriger Ehe hat A ein Nettovermögen von 500.000,– DM, das im wesentlichen aus den Erträgen stammt. Es wurde aus diesen Erträgen eine Eigentumswohnung, die 200.000,– DM des Wertes ausmacht, angeschafft. Das Miethaus selbst hat eine echte Wertsteigerung von weiteren 200.000,– DM erfahren.

Erträge des Anfangsvermögens sowie Surrogate desselben fallen in den Zugewinn. Dies würde im vorliegenden Fall dazu führen, daß A eine Zugewinnausgleichsforderung von 350.000,– DM zu erwarten hat. Um dieses vielfach als unbillig empfundene Ergebnis zu vermeiden, können Surrogate, Erträge und Wertzuwächse des Anfangsvermögens von der Berechnung ausgenommen werden, indem man sie ebenfalls dem Anfangsvermögen zuschlägt. Auch eine nach diesen einzelnen Gesichtspunkten differenzierte Lösung ist denkbar. Zu regeln ist allerdings, wie es mit Verwendungen auf die Objekte des Anfangsvermögens steht.

Formulierung:

„Das Anfangsvermögen des A besteht im wesentlichen aus dem Miethaus Karlstr. 20, 50672 Köln. Dieses bleibt bei

A. Güterrecht

> Berechnung eines Zugewinnausgleichs bei Beendigung der Ehe aus anderen Gründen als durch Tod in jeder Hinsicht unberücksichtigt. Die Erträge des Objektes fallen ebenfalls nicht in den Zugewinn. Sie können, ohne daß Ausgleichsansprüche entstehen, auf das Objekt verwendet werden. Verwendungen aus dem sonstigen Vermögen eines der Ehegatten werden mit ihrem Wert zum Zeitpunkt der Verwendung dem Endvermögen des A hinzugerechnet und unterliegen dem Ausgleich, und zwar auch insoweit, als das Anfangsvermögen für den Ausgleich angegriffen werden müßte. Ersatzgegenstände, die aus den Erträgen des Anfangsvermögens angeschafft wurden, bleiben bei Berechnung des Endvermögens unberücksichtigt. Insoweit ist jeder Ehegatte nachweispflichtig."

1.6.4 **Fall:** A's Anfangsvermögen besteht im wesentlichen aus dem übernommenen elterlichen Betrieb. Die B hat ein eigenes Friseurgeschäft. Die beteiligten Betriebsvermögen wurden – auf Verlangen der Eltern – bisher stets getrennt gehalten.

Bei Betriebsvermögen oder gesellschaftsrechtlichen Beteiligungen ist statt der genauen Definition des Anfangsvermögens und der Zuwächse zum Endvermögen pauschal die Ausklammerung aus dem Zugewinnausgleich zu empfehlen. Verlängert werden kann dieser Gedanke erbrechtlich durch einen gegenständlich beschränkten Pflichtteilverzicht (vgl. Palandt-Edenhofer § 2346 Rdn. 5).

Formulierung:

> „Bei der Berechnung von Anfangs- und Endvermögen der Ehegatten bleibt jegliches betriebliches Vermögen außer Ansatz.
>
> In Ansehung solchen betrieblichen Vermögens verzichten die Beteiligten zugunsten ihrer Abkömmlinge auf Pflichtteilsrechte beim Tode des anderen Ehegatten."

Soll lediglich vermieden werden, daß durch die Belastung des ausgleichspflichtigen Ehegatten mit der Ausgleichsforderung der Betrieb des Geschäfts in Gefahr gerät, so ist eine Beschränkung des Ausgleichsanspruchs über dessen Bewertung möglich. Das gilt insbesondere für gesellschaftsrechtliche Beteiligungen, die nach dem Gesellschaftsvertrag zu einem bestimmten niedrigeren Wert abzufinden sind.

Formulierung:

„Bezüglich der Beteiligung des A an der X-OHG wird der Wert des Anteils bei Bemessung des Endvermögens nach den Bestimmungen ermittelt, die der jeweils gültige Gesellschaftsvertrag für die Abfindung eines durch Kündigung ausscheidenden Gesellschafters vorsieht. An die Stelle einer im Gesellschaftsvertrag vorgesehenen Abschichtungsbilanz tritt das Gutachten eines von der Industrie- und Handelskammer Köln zu bestellenden Sachverständigen. Der Wert der Beteiligung für das Anfangsvermögen wird verbindlich mit 100.000,- DM festgelegt.,"

1.7 Steuerklausel

Ungereimtheiten ergeben sich im Zusammenspiel zwischen Zugewinnausgleich und Erbschaftsteuer. Eine Zugewinnausgleichsforderung unterliegt nicht der Erbschaftsteuer, § 5 Abs. 2 ErbStG. Allerdings muß diese Ausgleichsforderung nach dem ErbStG 1974 gemäß § 1371 Abs. 2 BGB konkret ermittelt werden (s. o.). Für diese Ermittlung sieht das Gesetz vor, daß das Endvermögen nach den steuerlichen Bewertungsgrundsätzen anzusetzen ist, während das Anfangsvermögen nach dem Verkehrswert angesetzt wird, § 5 Abs. 1 Satz 2 ErbStG. Nach dem Beispiel des Einführungserlasses beträgt bei einem Nachlaßwert von 2.000.000,- DM und einer fiktiven Zugewinnausgleichsforderung von 700.000,- DM, wenn der Steuerwert des Nachlasses nur 1,5 Millionen DM beträgt, die ansetzbare fiktive Ausgleichsforderung nicht 700.000,- DM, sondern 525.000,- DM. Deshalb ist anzuraten, für die Berechnung des Anfangsvermögens einen Gleichlauf herzustellen.

Formulierung:

„Bei Ermittlung des Zugewinnausgleichs im Todesfall gilt sowohl für die Berechnung des Anfangsvermögens, sämtlicher ehelicher Hinzuerwerbe sowie des Endvermögens die erbschaftsteuerliche Bewertungsmethode."

Wie bereits dargestellt, ist ergänzend daran zu denken, die Zugewinnausgleichsforderung pauschal gemäß § 1371 Abs. 1 BGB auf ¼ des Vermögensteuerwertes des Nachlasses zu fixieren, siehe 1.5.

2. Gütertrennung

2.1 Besonderheiten

- Trennung von Eigentum, Besitz, Verwaltung und Nutzung der Vermögensmassen

- keinerlei Beschränkungen der Verwaltungsrechte (vergleiche §§ 1365, 1369 BGB)

- kein Ausgleich des ehelichen Vermögenszuwachses bei Beendigung der Ehe

- keine Erhöhung des gesetzlichen Erbteils (vergleiche §§ 1371 Abs. 1, 1931 Abs. 4 BGB), deshalb erbrechtliche Schlechterstellung, wenn

  a) mehr als 1 Kind vorhanden,

  b) keine Kinder vorhanden

- entsprechende Schlechterstellung bei der Pflichtteilsberechnung.

Keine Besonderheiten liegen vor im Hinblick auf

- §§ 1362 BGB, 739 ZPO, Eigentums- und Besitzvermutung zugunsten des Gläubigers bleiben bestehen (s. o.)

- § 1360 BGB, Nutzungen des Vermögens sind in der Regel und der Stamm des Vermögens ist im Notfall zum Unterhalt der Familie zu verwenden

- § 1357 Abs. 1 Satz 2 BGB, eheliche Anschaffungen werden im Zweifel gemeinschaftliches Vermögen (s. o.)

Empfehlung: Unabhängig von der Vereinbarung des Güterstandes prüfen, ob

a) Aufstellung eines Vermögensverzeichnisses,

b) Ausschluß des § 1357 Abs. 1 Satz 2 BGB.

Beachte: Gemäß §§ 1351, 242 BGB (familienrechtlicher Vertrag, Wegfall der Geschäftsgrundlage) kann ausnahmsweise trotz Gütertrennung ein Ausgleichsanspruch des den Betrieb des Partner mitaufbauenden Ehegatten bestehen (BGH FamRZ 1994, 1167).

2.2 Entstehung

Gütertrennung ist

a) **Wahlgüterstand:**

Sie entsteht durch ehevertragliche Aufhebung der Zugewinngemeinschaft oder durch ehevertraglichen vollständigen Ausschluß des Versorgungsausgleichs (§ 1414 BGB). Auch im zweiten Fall sollte aber stets eine ausdrückliche Regelung erfolgen.

Fall: A und B schließen durch Ehevertrag den Versorgungsausgleich vollständig aus. Sechs Monate später wird Scheidungsantrag gestellt und zugestellt. Danach versöhnen sich A und B wieder. Der Scheidungsantrag wird zurückgezogen.

Der Ausschluß des Versorgungsausgleichs wurde mit Rechtshängigkeit des Scheidungsantrages unwirksam, § 1408 Abs. 2. Nach neuerer Rechtsprechung wird er bei Rücknahme des Scheidungsantrages wieder wirksam (BGH FamRZ 1986, 788). Unklar ist das Schicksal der Gütertrennung. Wiederaufleben? ex nunc? ex tunc?

b) gesetzlicher **Auffanggüterstand:**

- durch einseitige Erklärung nach Artikel 8 Abs. 1 Satz 3 Gleichberechtigungsgesetz,
- durch Erklärung nach dem Gesetz über den ehelichen Güterstand von Vertriebenen und Flüchtlingen vom 4. 8. 1969,
- durch rechtskräftiges Urteil auf Aufhebung der Gütergemeinschaft (§§ 1449 Abs. 1, 1470 Abs. 1 BGB) oder auf vorzeitigen Ausgleich des Zugewinns (§ 1388 BGB).

Beachte: Der Ausschluß des Zugewinnausgleichs ist nur wirksam in Form eines Ehevertrages.

Fall: Im Zuge der Vorbereitung einer Trennung und Scheidung schließen A und B eine ausführliche Trennungsvereinbarung, in der sie über ihre Vermögensgegenstände vollständig disponieren und auf weitergehende Ansprüche verzichten.

Vereinbarungen zum Ausgleich des Zugewinns oder auch nur die Feststellung, ein ehelicher Zugewinn liege nicht vor, sind beurkundungsbedürftig, vergleiche § 1378 Abs. 3 Satz 2 BGB, und zwar entgegen dem mißverständlichen Wortlaut der Vorschrift nicht nur während des anhängigen Ehescheidungsverfahrens, sondern auch vor Einleitung eines Verfahrens, wenn die Vereinbarung Scheidungszusammenhang hat (BGH DNotZ 1983, 491; Brix, FamRZ 1993, 12). Eine Verfügung über den Zugewinnausgleichsanspruch als solchen ist abgesehen von diesem Fall, wenn nicht vorher oder zumindest gleichzeitig der Güterstand beendet wird, nicht möglich, § 1378 Abs. 3 Satz 3.

2.3 Gütertrennung empfehlen?

- Aus Haftungsgründen

Eine solche Empfehlung ist juristisch nicht zu begründen, soweit es um die Außenhaftung geht. Rechtstatsächlich werden gewisse Erfolge erzielt durch die Kombination von Gütertrennung und Vermögensfeststellung, die bei Pfändungen die Ernsthaftigkeit des Vermögenstrennungswillens unterstreicht. Hierauf zurückzuführen ist wohl auch, daß Kreditinstitute mitunter der Rechtslage völlig zuwider auf die Mithaft des Ehegatten verzichten, wenn Gütertrennung besteht.

- Zum Schutz von Familienvermögen

  Soweit – insbesondere von elterlicher Seite her – eine Gütertrennung gewünscht wird, um unabhängig vom Schicksal der Ehe ererbtes oder sonst außerehelich erworbenes Vermögen in seiner Substanz zu erhalten, genügt im Regelfall der Ausschluß des Zugewinnausgleichs bei Beendigung der Ehe in anderer Weise als durch Tod, evtl. ergänzt um einen gegenständlich beschränkten Pflichtteilsverzicht (s. o. S. 20). Es kann allerdings auch beabsichtigt sein, die Erhöhung des Erbteils im Todesfall zugunsten der Verwandtenerbfolge zu vermeiden (§ 1931 BGB). Solchenfalls ist eine ausdrückliche erbvertragliche Regelung jedoch unbedingt zu empfehlen.

- als scheidungsvorbereitende Maßnahme

  Die Beendigung des gesetzlichen Güterstandes tritt bei Scheidung mit Rechtskraft des Urteils, rechnerisch bezogen auf den Zeitpunkt der Rechtshängigkeit des Scheidungsantrags ein, vgl. § 1384 BGB. Soll ein Scheidungsverfahren vorbereitet werden, empfiehlt sich auf jeden Fall die unabhängig von diesem Verfahren geltende Gütertrennung mit Ausgleich des Zugewinns, nicht lediglich ein isolierter Zugewinnausgleich.

- Zur Trennung der Vermögensmassen als solcher

  Das Schicksal der beiderseitigen Vermögensmassen während der Ehe ist durch Gütertrennung nicht geregelt. Entscheidend ist vielmehr, ob die Vermögenszuordnung während der Ehe immer zutreffend erfolgt ist. Zuwendungen unter Ehegatten und die sonstige Zuordnung von Vermögen sind bei Gütertrennung mindestens ebenso regelungsbedürftig wie bei Zugewinngemeinschaft. Zweck der Zugewinngemeinschaft ist es, gerade die Zufälligkeit der Vermögenszuordnung während der Ehe wirtschaftlich auszugleichen. Gerade bei Gütertrennung sind deshalb insbesondere Regelungen zur Rückforderung im Scheidungsfall erforderlich (siehe sogleich zu 4.).

A. Güterrecht

– Als partnerschaftliche Vermögensordnung

Die Gütertrennung zwingt Ehegatten dazu, ihre Vermögensverhältnisse während der Ehe stets klar zu ordnen. Er ist bei Ehen zwischen unabhängigen und selbständigen Partnern wohl der naheliegendste Güterstand, insbesondere auch bei Zweitehen älterer Partner und Ehen ohne Kinderwunsch. Parallelen zum Versorgungsausgleich liegen insoweit vor, als eine gewisse staatliche soziale Fürsorge für den „schwächeren" Ehegatten Grund des Zugewinnausgleichs ist (Leitbild: Hausfrauenehe). Wo der Fürsorgegedanke nicht paßt, liegt Gütertrennung nahe. Zu beachten sind aber die erbschaftsteuerlichen Nachteile der Gütertrennung (s. S. 16).

Kuriosum: Der Gesetzgeber hat § 1414 Satz 2 BGB mit der Begründung in das Gesetz aufgenommen, derjenige, der auf den Versorgungsausgleich verzichtet, solle nicht daneben mit güterrechtlichen Ausgleichsansprüchen belastet werden.

Fall: A und B, beides Studienräte, wollen heiraten. Sie beabsichtigen, eine eigenverantwortliche, partnerschaftliche Ehe zu führen und wollen sämtliche Scheidungsfolgen (Zugewinn, Unterhalt, Versorgungsausgleich) ausschließen.

Da Anhaltspunkte für eine Sittenwidrigkeit der Vereinbarung nicht vorliegen, ist sie zulässig. Bei jedem Regelungspunkt ist aber zu prüfen, ob die Motivation der Beteiligten alle denkbaren künftigen Fallgestaltungen umfaßt. Wie beim Versorgungsausgleich sollte insbesondere gefragt werden, ob es ausscheidet, daß Kindererziehungszeiten zur Unterbrechung der Berufstätigkeit führen. Denkbar ist, auch die Gütertrennung insoweit mit einer Bedingung zu versehen.

Formulierung:

„Die Beteiligten vereinbaren mit sofortiger Wirkung Gütertrennung gemäß § 1414 BGB. Ein jeder der Beteiligten behält sich jedoch ein Rücktrittsrecht von dieser Vereinbarung vor für den Fall, daß er seine Berufstätigkeit aufgibt oder auf weniger als die Hälfte der üblichen wöchentlichen Arbeitszeit reduziert. Der Rücktritt bedarf der notariellen Beurkundung und der förmlichen Zustellung an den Erklärungsgegner. Im Falle des Rücktritts entfällt die Gütertrennung im Innenverhältnis

a) vollständig rückwirkend,

b) mit Wirkung ab der Zustellung des Rücktritts.

Zusatz bei Regelung in bestehender Ehe: Die Beteiligten verzichten wechselseitig auf Ausgleich eines etwa bisher entstandenen Zugewinns."

Beachte steuerlich: Der Verzicht auf bisher entstandenen Zugewinn kann Schenkungssteuer auslösen. Umgekehrt ist erbschaftsteuerlich der Vorteil des Steuerfreibetrages der § 5 Abs. 1 ErbStG bei Zugewinngemeinschaft zu beachten. Im Erbfall bleibt der Betrag, den der überlebende Ehegatte als Zugewinnausgleich geltend machen könnte, steuerfrei. Wird die Gütertrennung (wenn überhaupt trotzdem vereinbart) wie vorstehend wieder aufgehoben, mußte dies früher ex tunc geschehen, weil das Steuerprivileg sonst nur den neuen Zugewinn erfaßt hätte (vergl. BFH BB 1993, 509). Durch Änderung des § 5 Abs. 1 Satz 4 ErbStG besteht seit 21.12.1993 keine Rückbezugmöglichkeit mehr.

Fall: A ist Inhaber eines gewerblichen Betriebes. B ist Hausfrau. A und B vereinbaren Gütertrennung. A überträgt sein Privatvermögen auf die B.

A will sein Privatvermögen vor einem Zugriff der Gläubiger schützen. Hierzu wäre eine Gütertrennung nicht unbedingt erforderlich. Sie hilft allerdings in diesem Fall sogar der B, die über die übliche Zuordnung hinaus Vermögensgegenstände zugeordnet erhält. Für den Fall der Scheidung stellt sich die Frage einer Rückforderungsmöglichkeit. Diese ist durch die Vereinbarung der Gütertrennung als solche nicht geklärt (im einzelnen siehe unten 4.). Die Rechtsprechung wendet im Scheidungsfall teilweise die Grundsätze des Wegfalls der Geschäftsgrundlage an. Eine ausdrückliche Regelung ist deshalb erforderlich. Für den Todesfall erhöht die Gütertrennung außerdem das Bedürfnis einer erbrechtlichen Regelung. Zugunsten der B könnte die Gesamtregelung wie folgt gestaltet werden:

A. Güterrecht

Formulierung:

„Die Beteiligten vereinbaren den Güterstand der Gütertrennung gemäß § 1414 BGB. Sie schließen darüber hinaus die Rückforderung oder den wirtschaftlichen Ausgleich von Zuwendungen, die während der Ehe zwischen den Ehegatten gemacht wurden, bei Beendigung der Ehe aus, und zwar unabhängig von dem Grund der Beendigung. Jedem Ehegatten bleibt vorbehalten, im Falle einer einzelnen Zuwendung abweichend schriftlich vorzubehalten, daß die Rückforderung bei Beendigung der Ehe erfolgen kann.

Die Beteiligten setzen sich gegenseitig, der Erstversterbende den Längstlebenden, zum alleinigen Erben ein, gleichviel ob und welche Pflichtteilsberechtigte beim Tode des Erstversterbenden vorhanden sein werden ..."

Selbstverständlich möglich ist eine vermögensmäßige Absicherung für den Scheidungsfall trotz Gütertrennung unabhängig von der Rückforderung von Zuwendungen. Ein solcher „Ausgleichsanspruch" kann zugewinnähnlich gestaltet werden, ohne in der Anspruchsdurchsetzung materiell – und verfahrensrechtlich den Zugewinnausgleichsregeln zu unterliegen.

Formulierung:

„Für den Fall der Beendigung der Ehe verpflichtet sich der Ehemann mit Wirkung für seine Erben zur Zahlung einer monatlich zum ersten eines Monats im voraus zu gewährenden Geldrente von DM 3.000,– auf Lebzeit der Berechtigten. (Es folgen eventuell Wertsicherung, Beendigung bei Wiederheirat etc. ähnlich der Unterhaltsregelung). Diese Rente ist durch Eintragung einer Reallast an rangerster Stelle auf dem Grundbesitz in ..../einem Grundbesitz nach Wahl des Verpflichteten, dessen Verkehrswert mindestens dem 20fachen Jahreswert der Rente entspricht, zu sichern.

Oder: Die Berechtigte ist zur Herausgabe des ihr zugewendeten Grundbesitzes in... bei Beendigung der Ehe verpflichtet Zug um Zug gegen Gewährung einer Geldrente in Höhe von DM..., die durch eine Reallast an rangerster Stelle auf dem Grundbesitz abzusichern ist."

3. Gütergemeinschaft

3.1 Grundzüge

- Gesamthandsgemeinschaft betreffend eheliches **und** voreheliches Vermögen der Ehegatten
- Gesamtgutshaftung und gesamtschuldnerische Haftung für Verbindlichkeiten eines Ehegatten, § 1459 BGB
- Bis zu fünf Vermögensmassen, da neben Gesamtgut jeder Ehegatte

  a) Vorbehaltsgut,

  b) Sondergut

  haben kann. Vorbehaltsgut wird vereinbart und auf Wunsch im Güterrechtsregister eingetragen (§ 1418 Abs. 4 BGB), Sondergut ist kraft Gesetzes jeder Gegenstand, der unübertragbar oder unpfändbar ist.
- Die Verwaltung des Gesamgutes muß geregelt werden, bei Altverträgen (vor 1. 4. 1953) verbleibt es bei der Verwaltung des Mannes. Gemeinschaftliche Verwaltung ist die Regel.
- Zugewinnähnlicher Ausgleich bei Beendigung, § 1476 BGB,
- Fortsetzung der Gütergemeinschaft mit Erben ehevertraglich vereinbar, § 1483 BGB.

3.2 Wertung

- Fortgesetzte Gütergemeinschaft scheidet regelmäßig aus, weil verschiedene Vermögensmassen und gesamthänderische Bindung mit Erben fortgesetzt werden. Praktische Erheblichkeit:

A. Güterrecht

a) § 1515 Abs. 2 BGB: Vererbung eines Landgutes zum Ertragswert,

b) der überlebende Ehegatte wird bezüglich des Anteils des Verstorbenen am Gesamtgut nicht Erbe, so daß – anders als bei einer Vorerbschaft – erbschaftsteuerlich keine Doppelbesteuerung stattfindet, § 4 ErbStG.

- Gewöhnliche Gütergemeinschaft wird laienhaft oft mit Zugewinngemeinschaft verwechselt. Die Bildung eines Gesamthandsvermögens kann dem Interesse der Ehegatten entsprechen. Sie ist in bestimmten landwirtschaftlich geprägten Regionen noch verbreitet. Vorteil: Der einheiratende Ehegatte wird angemessen am Betrieb beteiligt.

  Beachte: Vermögenszuwachs durch Eintritt ist schenkungsteuerpflichtig.

- Der laienhaften Vorstellung einer „Gütergemeinschaft" widerspricht die Einbeziehung auch des vorehelichen Vermögens. Wird dies über Vorbehaltsgut ausgeklammert, ähnelt das dem früheren Güterstand der Errungenschaftsgemeinschaft, der auch im Ausland teilweise verbreitet ist (Italien).

  Beachte: Ohne besondere Bestimmung des Zuwendenden (§ 1418 Nr. 2 BGB) werden Schenkungen und Erwerbe von Todes wegen während der Ehe auch Gesamtgut!

- gesamthänderische Bindung erschwert Rechtsgeschäfte unter den Ehegatten.

  a) Ehegattenarbeitsverhältnisse werden ohne Vorbehaltsgutregelung steuerlich nicht anerkannt,

  b) Personengesellschaften zwischen den Ehegatten sind eine identische Gesamthandsgemeinschaft und werden nicht anerkannt (BGH NJW 1975, 1174)

- Nachteile bei Beendigung

  a) Wertzuwachs von Vorbehalts- und Sondergut werden nicht ausgeglichen,

  b) kein Zugewinnzuschlag für den Ehegatten im Erbfall,

c) stirbt der ohne Vermögen eingetretene Ehegatte, ist sein Anteil gleichwohl Nachlaß und damit erbschaftsteuerpflichtig.

3.3 Regelungen

Geprüft werden sollte

– ob Vorbehaltsgut nicht weitgehend gewünscht wird, insbesondere bezüglich des vorehelichen Vermögens und der Hinzuerwerbe aus Schenkung und Erwerb von Todes wegen,

– ob Sondergut (z. B. ein Nießbrauch) zum Vorbehaltsgut erklärt werden muß, um aus der Verwaltung des Gesamtguts herauszukommen,

– ob eine gemeinschaftliche Verwaltung (Regelfall) durch wechselseitige Vollmachten vereinfacht werden kann,

– ob dem Ehegatten, der keine Vermögensgegenstände einbringt, im Auseinandersetzungsfall das Risiko einer Wertminderung der eingebrachten Gegenstände abgenommen werden kann, § 1478 Abs. 1, 3 BGB.

Formulierung:

„Wir vereinbaren den Güterstand der Gütergemeinschaft. Die Verwaltung des Gesamtguts steht beiden Ehegatten gemeinschaftlich zu. Diese bevollmächtigen sich wechselseitig, füreinander alle Rechtsgeschäfte und Rechtshandlungen vorzunehmen und Erklärungen entgegenzunehmen einschließlich Grundstücksgeschäften (und zwar befreit von den Beschränkungen des § 181 BGB).

Sämtliches Vermögen, das bei Beginn der Ehe bereits vorhanden war, erklären wir zum Vorbehaltsgut. Insoweit wird auf anliegende Auflistung verwiesen. Der Nießbrauch der Ehefrau am Grundbesitz . . . wird ebenfalls zum Vorbehaltsgut erklärt. Gleiches gilt für Zuwendungen von seiten eines Dritten oder Erwerbe von Todes wegen während der Ehe, unabhängig davon, ob der Dritte dies bestimmt. Gesamtgut

> wird lediglich das landwirtschaftliche Anwesen des A gelegen in X-Dorf sowie zu diesem Anwesen erfolgende Hinzuerwerbe oder Surrogate desselben. Eine Wertminderung bei Beendigung des Güterstandes ist nicht nach § 1478 BGB zu erstatten."

Fall: Der A ist in zweiter Ehe verheiratet und hat Kinder aus erster Ehe. Er möchte seiner zweiten Ehefrau möglichst ungeschmälert die alleinige Erbfolge eröffnen, vor allem Pflichtteilsrechte der Kinder soweit wie möglich zurückdrängen.

Setzt A die B zu einer Alleinerbin ein, ist gemäß § 2303 Abs. 1 BGB ¼ der Erbschaft Pflichtteil der Abkömmlinge. Überträgt A sein Vermögen zu Lebzeiten, gilt für die Berechnung der Pflichtteile diese Übertragung als nicht erfolgt, § 2325 BGB. Nach überkommener Rechtsprechung soll die Begründung einer Gütergemeinschaft **zivilrechtlich** im Regelfall keine Schenkung sein, zumindest dann nicht, wenn sie einer vernünftigen ehelichen Vermögensordnung entspricht (BGH DNotZ 1972, 237, Soergel/Dieckmann § 2325 Rdn. 4 mwN). Folglich könnte durch Begründung der Gütergemeinschaft eine Verringerung der Pflichtteilsansprüche erreicht werden, indem die Hälfte der Vermögensmasse aus der Erbfolge herausgenommen wird (rechnerischer Vorteil § 6 ¼ %). Ob die Rechtsprechung nach Änderung des Schenkungsteuerrechts (Einbringung in Gütergemeinschaft gilt steuerrechtlich seit 1974 als Schenkung) und der Unterstellung der unbenannten Zuwendung unter die Schenkungsteuer (BFH DStR 1994, 615) noch gilt, ist zweifelhaft (bejahend bisher Meincke, ErbStG. § 7 Rdn. 106).

4. Ausgleich und Rückforderung von Zuwendungen zwischen Ehegatten

4.1 Anspruchsbegründung

Fall: Während der Ehe überträgt A der B das Hausgrundstück, um es im Eventualfall vor einem Zugriff der Gläubiger zu schützen. Er bestreitet aus seinen Einkünften weiterhin die Zins- und Tilgungsleistungen der Baufinanzierung. Als Scheidungsantrag gestellt wird, verlangt er die Rückübertragung.

Grundzüge:

– Im Regelfall liegt keine Schenkung, sondern eine sogenannte ehebedingte Zuwendung vor (BGH FamRZ 1988, 373; NJW 1993, 385). Eine Vermutung für eine Schenkung besteht aber, wenn dieser Terminus ausdrücklich in notarieller Urkunde verwendet wird (zur Abgrenzung BGH FamRZ 1990, 600). Meist scheidet also ein Widerruf der Schenkung wegen groben Undanks gemäß § 530 BGB bei Ehescheidung aus. Auch eine Kondiktion gemäß § 812 Abs. 1 Satz 2, 1. Alt. oder 2. Alt. BGB scheidet aus, weil die Ehe nicht causa der Zuwendung war, sie verpflichtete nicht zu derselben. Ebenso scheiden gesellschaftsrechtliche Auseinandersetzungsregeln aus, wenn Ehegatten nicht ausdrücklich eine solche Gesellschaft gegründet haben (hierzu BGHZ 82, 346). Nur in Ausnahmefällen kommen die Grundsätze des Wegfalls der Geschäftsgrundlage in Betracht, weil die Ehe als Geschäftsgrundlage betrachtet werden kann (BGHZ 68, 299).

– im Verhältnis zu Dritten, insbesondere Pflichtteilsberechtigten oder Anfechtungsgläubigern, gilt die unbenannte Zuwendung als „objektiv unentgeltlich" und wird wie eine Schenkung behandelt, sofern nicht eine Unterhaltspflicht oder Gegenleistung zugrundeliegt (BGH FamRZ 1992, 300). Steuerlich liegt im Regelfall eine Schenkung vor (so jetzt BFH DStR 1994, 615 = NJW 1994, 2044, kritisch Crezelius NJW 1994, 3066). Schenkungsteuer läßt sich dadurch vermeiden, daß zugleich ehevertraglich der Zugewinn (teilweise) ausgeschlossen wird und die Übertragung als Ausgleich dient (Bauer, MittBayNot 1994, 302, 306). Bei Zuwendung sollten insbesondere Pflichtteilsberechtigte gegenständlich beschränkt auf ihr Pflichtteilsrecht verzichten.

– Die dingliche Rückforderung einer Zuwendung bedarf unabhängig vom Güterstand – will man nicht auf die vage Geschäftsgrundlagenlehre setzen – einer ausdrücklichen Regelung im Sinne einer Rückforderungsklausel. Das gilt sogar verstärkt im gesetzlichen Güterstand, weil der Zugewinnausgleich nach der Rechtsprechung in aller Regel den Rückgriff auf andere Ausgleichsmöglichkeiten erübrigt.

– Für den Rückforderungsfall muß geregelt sein, daß Verwendungen des anderen Ehegatten auf das Objekt ebenfalls erstattet werden (bei Zugewinn: soweit aus Anfangsvermögen).

– Verwendungen seitens des Rückfordernden, insbesondere im Rahmen der Schuldentilgung, sind unabhängig von der Außenhaftung (meist Gesamtschuld) darauf zu prüfen, ob sie im Innenverhältnis in voller Höhe Ausfluß seiner Unterhaltspflicht waren oder ihrerseits teilweise ebenfalls Zuwendungen darstellen. Anderenfalls ist Anlaß zu weiteren Vereinbarungen, etwa auf Darlehensbasis.

Formulierung:

„Der Ehemann A wendet der Ehefrau B den Grundbesitz ... als ehebedingte Zuwendung zu ... .

Die miterschienenen Abkömmlinge verzichten ihrem dies annehmenden Vater gegenüber in Ansehung des übertragenen Grundbesitzes auf die Geltendmachung von Pflichtteils- oder Pflichtteilsergänzungsansprüchen bei seinem Tode.

Im Falle der rechtskräftigen Scheidung der Ehe hat A Anspruch auf Rückübertragung des in dieser Urkunde übertragenen Grundbesitzes. Soweit B (bei Zugewinngemeinschaft: aus Anfangsvermögen) Verwendungen auf den Grundbesitz gemacht hat, sind ihr diese Zug um Zug zu erstatten. Die B ist aus der Mithaft für auf dem Grundbesitz dinglich abgesicherte Verbindlichkeiten Zug um Zug gegen Abtretung aller in Ansehung der Belastungen bestehenden Eigentümerrechte zu entlassen. Zweckerklärungen sind entsprechend abzuändern."

4.2 Wertmäßige Verrechnung im Zugewinnausgleich

Fall: Das von A übertragene Grundstück hat einen Wert von 100.000,– DM. Weiteres Vermögen ist am Ende der Ehe bei keinem Ehegatten vorhanden.

Die Berechnung des Zugewinns ergibt, daß das Endvermögen der B, das zugleich den Zugewinn darstellt, 100.000,– DM beträgt, während das Endvermögen des A Null ist. A hat eine Zugewinnausgleichsanspruch von 50.000,– DM.

Beachte: Wertmäßig wird im Zugewinnausgleich eine Verrechnung nur über § 1380 BGB vorgenommen, indem eine Anrechnung auf eine bestehende Ausgleichsforderung stattfindet. Hat der Zuwendungsempfänger (hier B) keine Ausgleichsforderung, gilt also das normale Berechnungsverfahren.

Abwandlung: A hat selbst noch 300.000,– DM Zugewinn gemacht.

Das Anfangsvermögen des A betrug 100.000,– DM, das Endvermögen beträgt 300.000,– DM. Der Zugewinn des A beträgt 200.000,– DM, der Zugewinn der B beträgt 100.000,– DM. B hätte mithin einen Ausgleichsanspruch. Zur Berücksichtigung der Zuwendung wird die Zuwendung jedoch dem Zugewinn des A zugerechnet (§ 1380 Abs. 2 BGB), so daß sich dieser auf 400.000,– DM erhöht. Der Zugewinnausgleichsanspruch der B betrüge 1/2 vom Überschuß des A, also 150.000,– DM. Hierauf ist die Zuwendung voll anzurechnen (§ 1380 Abs. 1 BGB), so daß B einen Ausgleichsanspruch von 150.000,– DM - 100.000,– DM = 50.000,– DM hat.

Voraussetzung ist, daß eine Anrechnung erfolgen soll, was § 1380 Abs. 1 Satz 2 BGB bei überobligationsmäßigen Geschenken vermutet.

Abwandlung: A hat sich bei Zuwendung des Grundstücks ausdrücklich die dingliche Rückforderung desselben vorbehalten.

Zum Endvermögen des A von 300.000,– DM fließt das Grundstück selbst wieder hinzu, so daß das Endvermögen 400.000,– DM, der Zugewinn 300.000,– DM beträgt. Das Endvermögen der B ist Null, ihr Zugewinnausgleichsanspruch beträgt 150.000,– DM.

Abwandlung: Der Grundbesitz wurde während der Ehe aus zugewinnausgleichspflichtigem Vermögen bebaut. Sein Wert beträgt am Ende der Ehezeit 400.000,– DM.

Die Rückübertragung führt dazu, daß die B die Hälfte der Wertsteigerung (150.000,– DM), die sie wirtschaftlich aus dem Zugewinn erbracht hat, verliert. Da die Wertsteigerung voll in den Zugewinn fällt und nach Rückforderung bei A vorliegt, findet jedoch ein voller Wertausgleich statt.

Abwandlung: Das Endvermögen des A **ohne** Berücksichtigung des Grundbesitzes beträgt Null DM. Das Endvermögen der B enthält noch einen Zugewinn von 300.000,– DM.

Nach Rückforderung des Grundbesitzes hat A unter Berücksichtigung des Anfangsvermögens von 100.000,– DM einen Zugewinn von 300.000,– DM, ebenso die B. Die B hat also keinen Ausgleichsanspruch, obwohl wirtschaftlich die Hälfte des Wertzuwachses des Grundbesitzes ihr zuzurechnen war. In solchen Fällen muß gegen eine Rückforderung, die den Zugewinnausgleich zu Lasten des A verkürzt, Vorsorge getroffen werden.

Formulierung:

„Die Rückforderung ist nur zulässig, wenn der Zugewinn des A nicht geringer ist als die der B zuzurechnende Wertsteigerung des Grundstücks."

Möglich ist schließlich, das Rückforderungsobjekt insgesamt vom Zugewinnausgleich auszunehmen, so daß insbesondere Wertsteigerungen, Verwendungen und objektbezogene Verbindlichkeiten nicht in die Berechnung einbezogen werden. Das liegt vor allem dann nahe, wenn es sich um eine reine formale Verschiebung der Eigentumsverhältnisse handelt, etwa zur Vermeidung eines Gläubigerzugriffs.

Formulierung:

„Verlangt A die Rückübertragung des Grundbesitzes, bleiben der Grundbesitz selbst, eventuell auf ihn getätigte Verwendungen sowie auf ihm lastende Verbindlichkeiten für die Durchführung des Zugewinnausgleichs unberücksichtigt. Sie werden weder zur Berechnung des Anfangs- noch des Endvermögens eines Ehegatten hinzugezogen. Wird das

Rückforderungsverlangen nicht gestellt, verbleibt es jedoch bei § 1380 BGB."

In allen Fällen entsteht ein Rückforderungsrecht erst mit Beendigung des Güterstandes. Das Rückforderungsrecht selbst ist als zweckgebundenes, höchstpersönliches Recht gemäß §§ 399 BGB, 852 ZPO einer Pfändung durch Gläubiger nicht zugänglich (Wüllenkemper JR 1988, 353).

4.3 Gemeinsame Schulden

Fall: A hat im Anfangsvermögen das Grundstück im Wert von 100.000,- DM. Während der Ehe bebauen A und B das Grundstück und nehmen zu diesem Zweck 200.000,- DM Darlehen auf. Bei Beendigung der Ehe hat das Grundstück einen Verkehrswert von 400.000,- DM.

Das Aktivvermögen des A beträgt nach Abzug des Anfangsvermögens 300.000,- DM. Fraglich ist, wie die Verbindlichkeiten von 200.000,- DM zu verteilen sind. Die Rechtsprechung wendet unabhängig vom Zugewinnausgleichsrecht für gemeinsame Verbindlichkeiten § 426 Abs. 1 Satz 1 BGB im Innenverhältnis an, und zwar auch bei Gütertrennung (BGHZ 87, 265; BGH FamRZ 1988, 596, 1031). Danach bedarf es der Feststellung, welche Regelung zur Schuldenverteilung von den Parteien ausdrücklich oder stillschweigend vereinbart wurde. Im Zweifel sind Zins- und Tilgungsleistungen, die ein Ehegatte während der Ehe auf das Familienheim oder sonstige gemeinsam genutzte Vermögensgegenstände erbringt, Teil seines Beitrages zum Familienunterhalt. Soweit das Ausgleichsverhältnis bei intakter Ehe durch die eheliche Lebensgemeinschaft überlagert war, lebt es mit dem Scheitern der Ehe (Zerrüttungszeitpunkt) ohne besondere Erklärung wieder auf (BGH NJW 1995, 652). Rückwirkend findet somit ein Gesamtschuldnerausgleich nicht statt. Bei Beendigung der Ehe wird für das Innenverhältnis wegen Wegfalls der Geschäftsgrundlage meist derjenige, der künftig am Objekt nicht mehr beteiligt ist, einen Freistellungsanspruch haben. Daraus folgt:

a) soll klargestellt werden, daß Verwendungen des Nichteigentümer-Ehegatten auf das Objekt auf jeden Fall zurückzugewähren sind, ist eine Darlehensregelung angezeigt,

b) für die Vermögensauseinandersetzung muß vorgesehen sein, daß der Nichteigentümer-Ehegatte aus der Schuldhaft entlassen wird und der Eigentümer-Ehegatte nicht dinglich für Verbindlichkeiten des anderen Ehegatten weiter haftet (Beschränkung der Zweckbestimmungserklärung).

c) für den Zugewinnausgleich muß festgestellt werden, ob die Darlehensforderung zum Anfangsvermögen des Darlehensgebers gehören soll. Im Hinblick auf c) bedarf alles notarieller Beurkundung.

Formulierung:

„B haftet als Gesamtschuldner für die Baufinanzierung des Grundbesitzes X-Str. 10. Im Innenverhältnis gelten Zins- und Tilgungsleistungen auf dieses Objekt als je zur Hälfte erbracht. Die Beteiligten vereinbaren, daß die auf B entfallenden Zins- und Tilgungsleistungen – zinslos addiert – darlehensweise gewährt werden. Das Darlehen ist erst bei Beendigung der Ehe zwischen den Beteiligten kündbar. Endet die Ehe der Beteiligten durch Tod eines Ehegatten, so erlischt die Darlehensforderung, sofern B nicht über sie ganz oder teilweise von Todes wegen zugunsten ihrer Abkömmlinge aus erster Ehe verfügt hat. Ab Kündbarkeit ist das Darlehen mit 5 vom Hundert über dem jeweiligen Bundesbankdiskontsatz zu verzinsen.

Endet die Ehe in anderer Weise als durch Tod, ist B aus der Schuldhaft für die auf dem Grundbesitz dinglich gesicherten Darlehensverbindlichkeiten zu entlassen. Zugunsten des A sind Zweckbestimmungserklärungen betreffend die Grundpfandrechte dahin einzuschränken, daß diese ab diesem Zeitpunkt nur noch für Verbindlichkeiten des A Sicherheit leisten.

Die Abtretung oder Pfändung von Rechten, die aufgrund dieser Vereinbarung entstehen, wird ausgeschlossen. Für einen eventuellen künftigen Zugewinnausgleich zwischen den

> Beteiligten zählt die Darlehensforderung der B zu deren Anfangsvermögen."

5. Fälle mit Auslandsberührung, deutsch-deutsche Fragen

5.1 Grundzüge

Zentralvorschrift ist Artikel 14 EGBGB. Die Vorschrift gilt nur für die Bestimmung des Ehewirkungsstatus (z.B. Unterhalt), wird aber auch für die Erstanknüpfung des Güterstandes (Art. 15 EGBGB) sowie für die Anknüpfung im Bereich des Versorgungsausgleichs (Art. 17 EGBGB) zur Grundlage genommen. Das Haager Ehewirkungsabkommen, das völkerrechtlich noch an das Mannesrecht anknüpfte, ist Ende 1987 unsererseits gekündigt worden.

Fall: A ist Deutscher. Er heiratet während einer Tätigkeit in Brüssel eine Niederländerin. Nach einigen Jahren wird A wieder in die Bundesrepublik Deutschland versetzt. Die Eheleute verlegen ihren Wohnsitz dorthin.

Nach Art. 14 Abs. 1 EGBGB gilt für die Ehewirkungen

a) das Recht des Staates, dem beide Ehegatten angehören **oder**

b) das Recht des Staates dem beide Ehegatten während der Ehe zuletzt angehörten, wenn einer von ihnen diesem Staat noch angehört, **sonst**

c) das Recht des Staates , in dem beide Ehegatten ihren gewöhnlichen Aufenthalt haben, **oder**

d) das Recht des Staates, in dem beide Ehegatten ihren letzten gewöhnlichen Aufenthalt während der Ehe hatten, sofern dort noch einer seinen gewöhnlichen Aufenthalt hat, **hilfsweise**

e) das Recht des Staates, dem die Ehegatten auf andere Weise am engsten verbunden sind.

Soll also beurteilt werden, ob B einen Unterhaltsanspruch gegen A hat, ist nach der vorgenannten Reihenfolge das anwendbare Recht zu ermitteln. Während des Aufenthalts in Brüssel galt nach c) belgisches Recht. Ab dem Zeitpunkt der Verlegung des Wohnsitzes nach Deutschland kommt e) zur Anwendung, es gilt also wohl deutsches Recht.

Beachte: Das Ehewirkungsstatut ist wandelbar.

Fall: A und B haben in Brüssel gemeinsam eine Eigentumswohnung erworben. Sie wollen sich nun scheiden lassen und hierüber auseinandersetzen.

Für das Güterrecht bestimm Art. 15 Abs. 1 EGBGB die Anwendung des Rechtes, das **bei der Eheschließung** für die allgemeinen Wirkungen der Ehe maßgebend war, soweit nicht eine unter bestimmten Umständen zulässige Rechtswahl erfolgt. Da bei Eheschließung das Ehewirkungsstatut auf belgisches Recht verwies, haben die Eheleute also den belgischen gesetzlichen Güterstand einer Errungenschaftsgemeinschaft mit Gesamtgutsvermutung, **sofern** nicht das belgische Recht in eine andere Rechtsordnung verweist. Das ist nicht der Fall. Würde die belgische Rechtsordnung z.B. auf das Staatsangehörigkeitsrecht des Mannes verweisen, ergäbe sich ein Konflikt mit Art. 4 Abs. 1 EGBGB (ordre public).

Beachte: Unabhängig von der weiteren Entwicklung des Ehewirkungsstatuts bleibt es für das Güterrechtsstatut bei dem zur Zeit der Eheschließung festzustellenden Statut (Unwandelbarkeit des Güterstandes).

Frage: Werden Änderungen der belgischen Rechtsordnung **nach** Verlegung des Wohnsitzes in die Bundesrepublik Deutschland noch berücksichtigt oder findet eine sogenannte Versteinerung statt (str. vergleiche Palandt/Heldrich, Art. 14 Anm. 1b; Soergel-Kegel Art. 15 Rdn. 4).

5.2 Rechtswahl

Fall: A und B sind noch in Brüssel ansässig. Während eines Aufenthalts in Bonn erwerben sie dort eine Eigentumswohnung. Bei dieser Gelegenheit lassen sie sich über die sachgerechte Gestaltung ihrer Rechtsverhältnisse beraten. Sie möchten möglichst die Anwendung deutschen oder niederländischen Rechtes.

a) Ehewirkungen:

Eine Rechtswahl ist nur unter engen Voraussetzungen möglich. Es darf

- kein Ehegatte Staatsangehöriger des Staates sein, in dem beide Ehegatten ihren gewöhnlichen Aufenthalt haben, **oder**

- die Ehegatten dürfen ihren gewöhnlichen Aufenthalt nicht in demselben Staat haben.

Hier ist die 1. Alternative einschlägig. Nach Art. 14 Abs. 3 EGBGB ist eine Rechtswahl möglich. Sie bedarf der Form eines Ehevertrages. Gewählt werden kann das Recht eines Staates, dem einer der Ehegatten angehört, also z.b. deutsches Recht.

Beachte: Die Rechtswahl macht das Ehewirkungsstatut unwandelbar. Soweit eine gemeinsame Staatsangehörigkeit erlangt wird, wird sie jedoch unwirksam.

b) Güterrecht:

Wählen A und B nach Art. 14 EGBGB für die Ehewirkungen deutsches Recht, hat das auf den Güterstand keinen Einfluß, weil er bei Eheschließung unwandelbar festgelegt wurde. Jedoch ist auch der Güterstand durch Rechtswahl änderbar (Art. 15 Abs. 2 EGBGB), einzige Voraussetzung hier: unterschiedliche Staatsangehörigkeit. Wählbar sind

- das Recht des Staates, dem einer der Ehegatten angehört,

- das Recht des Staates, in dem zumindest einer der Ehegatten seinen gewöhnlichen Aufenthalt hat,

- das Recht des Lageortes für unbewegliches Vermögen.

A. Güterrecht

A und B können also deutsches oder niederländisches Recht (1. Alternative), belgisches Recht (2. Alternative) oder – nur beschränkt auf den Grundbesitz in Bonn – deutsches Recht wählen. Wählen sie nur für den Grundbesitz deutsches Recht, gibt es einen sogenannten gespaltenen Güterstand.

Beachte: Es ist wohl möglich, für jeden einzelnen Grundbesitz die Entscheidung selbständig zu treffen (Str., vgl. Pal-Heldrich Art. 15, Rdn. 22, LG Mainz NJW RR 1994, 73; Schotten DNotz 1994, 566 mit weiteren Nachweisen).

Formulierungen:

„Wir haben am 10.1.1992 in Brüssel die Ehe miteinander geschlossen. Der Ehemann ist deutscher Staatsangehöriger, die Ehefrau niederländische Staatsangehörige. Zur Festlegung unserer ehelichen Rechtsverhältnisse bestimmen wir:

Für die rechtlichen Wirkungen unserer Ehe soll das Recht der Bundesrepublik Deutschland Anwendung finden.

oder

Für die Beurteilung unserer güterrechtlichen Verhältnisse soll das Recht der Bundesrepublik Deutschland Anwendung finden.

oder

Für die güterrechtliche Zuordnung von unbeweglichen Vermögen eines der Ehegatten soll das Recht der Bundesrepublik Deutschland gelten.

oder

Für die güterrechtliche Zuordnung des in heutiger Urkunde erworbenen Grundbesitzes soll das Recht der Bundesrepublik Deutschland gelten

Eventuell Zusatz:

Wir vereinbaren sodann den Güterstand der Gütertrennung gemäß § 1414 BGB."

Durch eine Rechtswahl werden alle güterrechtlichen Gestaltungsmöglichkeiten des anwendbaren Rechts eröffnet. Praktisch dürfte es sich jedoch empfehlen, bei beschränkter Güterrechtswahl auf Grundbesitz dann, wenn eine gleiche Miteigentumsverteilung stattfindet, Gütertrennung zu wählen, weil dieser Güterstand auseinandersetzungsneutral ist.

Hätten A und B z.b. niederländisches Recht gewählt, müßte nach § 47 GBO in das Grundbuch als Beteiligungsverhältnis die Gütergemeinschaft niederländischen Rechts eingetragen werden (bei Belgien: Errungenschaftsgemeinschaft, s.o.).

Fall: A und B haben ihren Wohnsitz bereits in die Bundesrepublik Deutschland verlegt. Es stehen jedoch weitere Auslandsaufenthalte bevor. Läßt sich das deutsche Recht auch für diese Zeit fixieren?

a) Ehewirkungen:

Zur Zeit liegen die Voraussetzungen einer Rechtswahl nicht vor, da beide Ehegatten ihren gewöhnlichen Aufenthalt in einem Staat haben, dem einer der Ehegatten angehört. Es wird jedoch allgemein für zulässig gehalten, **vorsorglich** eine Rechtswahl für den Fall auszusprechen, daß ihre Voraussetzungen einmal vorliegen. Damit wäre klargestellt, daß z.B. die Versetzung des A nach Saudi-Arabien nicht zu unliebsamen Überraschungen führt.

b) Güterrecht:

Rechtswahl ist ohne Einschränkung jederzeit möglich (s.o.)

Empfehlung: Bei gemischt-nationalen Ehen, bei denen die Gefahr besteht, daß im weiteren Verlauf ein Auslandsaufenthalt oder die Rückkehr in das Staatsangehörigkeitsland, z.B. Türkei, in Betracht kommen, sollte unbedingt für die Ehewirkungen eine Rechtswahl erfolgen, um zumindest im Inland z.B. Unterhaltsansprüche nach deutschem Recht geltendmachen zu können. Sämtliche Normen sind zumindest einseitige Kollisionsnormen und haben im Inland Geltung unabhängig davon, ob der andere Staat sie anerkennt. Hier könnte rechtstatsächlich ein Auszug aus dem Güterrechtsregister behilflich sein, so daß die Eintragung in das Güterrechtsregister zu empfehlen ist.

5.3 Vertriebene, Flüchtlinge, Aussiedler, ehemalige DDR-Bürger

5.3.1 Rechtslage vor der deutschen Vereinigung

Grundzüge:

- Besaßen beide Ehegatten die deutsche Staatsangehörigkeit, galt im Verhältnis zur DDR gleichwohl nicht internationales, sondern interlokales Privatrecht, wobei für die Anknüpfung nicht die Staatsangehörigkeit, sondern das Recht des gewöhnlichen Aufenthalts maßgebend war (herrschende Meinung, zur Gegenmeinung vergleiche Palandt-Heldrich EGBGB Anhang zu Art. 3 Anm. 2). Diese Fragestellung ist mit dem 3. Oktober 1990 entfallen.

- Handelt es sich um Deutsche im Sinne des Artikels 116 Abs. 1 GG ohne deutsche Staatsangehörigkeit im staatsangehörigkeitsrechtlichen Sinne, werden diese international privatrechtlich deutschen Staatsangehörigen gleichgestellt (Familienrechtsänderungsgesetz vom 11.8.1961 BGBl I, 1221ff.)

- Sonstige Flüchtlinge, die der Obhut internationaler Organisationen, die von den vereinten Nationen mit der Betreuung von verschleppten Personen und Flüchtlingen beauftragt sind, unterstehen oder auf die die Genfer-Flüchtlingskonvention vom 28.7.1951 anwendbar ist, werden nach dem Recht des gewöhnlichen Aufenthaltes oder des Wohnsitzes (vergleiche BGH NJW 1982, 2732) behandelt.

Probleme können sich bei Deutschen oder Volksdeutschen aber mit dem Prinzip der Unwandelbarkeit des Güterstandes ergeben.

Fall: A und B waren DDR-Flüchtlinge. Sie haben in der DDR 1985 geheiratet.

Das Gesetz über den Güterstand von Vertriebenen und Flüchtlingen vom 4.8.1969 (BGBl I, 1067) bestimmt für Vertriebene und Flüchtlinge im Sinne der §§ 1, 3 und 4 des Bundesvertriebenengesetzes, daß ihr Güterstand in den gesetzlichen Güterstand der

Bundesrepublik Deutschland übergeleitet wird oder werden kann.

- Waren die Ehegatten am 1.10.1969 bereits in der Bundesrepublik Deutschland ansässig, erfolgte die Überleitung automatisch, wenn sie ihren abweichenden Güterstand nicht im Güterrechtsregister registrieren ließen.
- Für alle Fälle ab 1.10.1969 galt das Gleiche, wenn nicht innerhalb eines Jahres ab Übersiedlung dem zuständigen Amtsgericht gegenüber – auch einseitig – die Erklärung abgegeben wurde, daß der bisherige Güterstand beibehalten und die Zugewinngemeinschaft abgelehnt wird. Diese Erklärung mußte notariell beurkundet werden. Der fortgeltende Güterstand konnte in das Güterrechtsregister eingetragen werden.

Seit 1.4.1966 galt nach dem Familiengesetzbuch der DDR dort eine „Vermögensgemeinschaft", die einer Errungenschaftsgemeinschaft ähnelt.

Fall: A und B sind Sudetendeutsche (heute Tschechoslowakei) die dort im Jahre 1943 die Ehe miteinander geschlossen haben.

A und B waren zur Zeit der Eheschließung großdeutsche Staatsangehörige. Sie gelten auch heute internationalprivatrechtlich als Deutsche, Art. 116 GG. Das Gesetz über den Güterstand der Vertriebenen und Flüchtlinge gilt allerdings für sie nicht, weil sie zur Zeit der Eheschließung einen partikularrechtlichen deutschen Güterstand im „Großdeutschen Reich" erworben haben (BGH FamRZ 1976, 212). Das Gleichberechtigungsgesetz hat zum 1.4.1953 gemäß Art. 117 GG unmittelbar Auswirkungen in der Weise gehabt, daß eine BGB-Gütertrennung eingeführt wurde.

Lehre: Bei Güterständen von Vertriebenen und Flüchtlingen, die vor Beendigung des zweiten Weltkrieges begründet wurden, gelten Besonderheiten.

5.3.2 Rechtslage nach dem 3. Oktober 1990

Die vorangeführten Regelungen haben für frühere DDR-Staatsbürger nur noch zur Beurteilung abgeschlossener Sachverhalte in der Vergangenheit Bedeutung. „Vertriebene" in diesem Sinne sind nach wie vor aber die sog. „Aussiedler", siehe § 1 Bundesvertriebenengesetz. Einwohner des Gebietes der früheren DDR fallen nunmehr unter die güterrechtliche Regelung des Art. 234 § 4 des Einigungsvertrages. Sie konnten innerhalb 2 Jahren ab dem Beitritt durch Erklärung gegenüber dem Kreisgericht ihren Güterstand beibehalten. Gaben Sie eine solche Erklärung, die notariell beurkundet werden mußte, nicht ab, gilt für sie der allgemeine Güterstand der BGB-Zugewinngemeinschaft. Jeder Ehegatte kann gemäß § 39 FGB-DDR, der insoweit fortgilt, eine Auseinandersetzung über das bisher in Vermögensgemeinschaft gehaltene Vermögen verlangen. Diese Auseinandersetzung setzt zunächst die Feststellung des in der Ehe erworbenen gemeinschaftlichen Vermögens (nebst Verbindlichkeiten) voraus, das – liegen keine besonderen Gründe für eine Bevorzugung eines Ehegatten, z. B. besondere Bedürftigkeit, besonderer Einsatz für die Vermögensmehrung, vor – den Ehegatten wertmäßig zur Hälfte zusteht (vgl. Grandke Familienrecht, 3. Aufl. Berlin (DDR) 1981, S. 133 f.). Die gegenständliche Zuweisung erfolgt im Nichteinigungsfalle auf Klage eines Ehegatten durch Urteil. Der Ehegatte, der Eigentümer wird, kann mit einer „Werterstattung" belegt werden. Der Auseinandersetzungsanspruch verjährt als familienrechtlicher Anspruch nicht, vgl. § 194 Abs. 2 BGB. Die Auseinandersetzung ist im übrigen durch formlose Einigung möglich, nur eine Grundstücksübertragung bedarf notarieller Beurkundung. Eine Auflassung ist nicht erforderlich, wenn die Ehegatten Miteigentümer des Grundbesitzes zu je 1/2 Anteil bleiben wollen, da der Einigungsvertrag Art. 234 § 4a von Gesetzes wegen anordnet, daß Eigentum zu gleichen Bruchteilen besteht. Die Grundbuchberichtigung erfolgt gemäß § 14 Grundbuchbereinigungsgesetz von Amtswegen. Bis zur Durchführung der Auseinandersetzung besteht die Vermögensgemeinschaft als Liquidationsgemeinschaft – beschränkt auf das bis 3. Oktober 1990 vorhandene gemeinschaftliche Vermögen – fort (vgl. § 1471 Abs. 2 BGB) und kann als solche z. B. auch Grundbesitz ohne vorherige Grundbuchberichtigung veräußern.

Fall: A und B – ehemalige DDR-Bürger – haben durch notariell beurkundete Erklärung den Güterstand der Vermögensgemeinschaft beibehalten. A beteiligt sich durch Übernahme einer Stammeinlage an einer neu gegründeten GmbH. Kann die B nun Gesellschaftsrechte mitausüben?

Bei Vermögensgemeinschaft fallen Erwerbe in der Ehe in das gemeinschaftliche Vermögen, z. B. auch ein GmbH-Anteil. Um insoweit für die Mitgesellschafter unliebsame Überraschungen zu verhindern, sind entweder beschränkende Regelungen im Gesellschaftsvertrag erforderlich oder die Herausnahme des Anteils aus der Vermögensgemeinschaft. Dies ist durch formlose Vereinbarung der Ehegatten möglich, die den Mitgesellschaftern nachzuweisen ist.

B. Vereinbarungen über den Versorgungsausgleich

1. Gesetzliche Ausgleichsformen – Überblick

1.1 § 1587 Abs. 1 und 2: Splitting und Quasi-Splitting

Durch den Versorgungsausgleich sollen der Idee des Gesetzes zufolge die gesetzlichen Versorgungsanwartschaften geteilt werden. Im engeren Sinne ist Grundprinzip des Versorgungsausgleichs also das sog. **Splitting**, d. h. das Abspalten von Versorgungsanwartschaften im Scheidungsfalle. Dieses Grundprinzip ist von der ursprünglichen Konzeption des Gesetzes her lediglich in § 1587b Abs. 1 BGB verwirklicht, soweit es Rentenanwartschaften in der gesetzlichen Rentenversicherung (GRV) anbetrifft. Hierunter fallen die Anwartschaftsrechte im Sinne des § 1587a Abs. 2 Nr. 2 d. h. alle Rentenanwartschaften aus der gesetzlichen Rentenversicherung, die gesetzlichen Rentenanpassungen unterliegen:

– Pflichtrentenanwartschaften aus der Angestelltenversicherung,

– Pflichtrentenanwartschaften aus der Rentenversicherung der Arbeiter mit Handwerkerversicherung,

– Pflichtrentenanwartschaften aus der knappschaftlichen Rentenversicherung,

– Anwartschaften aus freiwilliger Weiterversicherung in der gesetzlichen Rentenversicherung, nicht jedoch aus Höherversicherung oder Steigerungsbeträgen nach § 269 SGB VI, ferner keine Anwartschaften gegen ausländische Rentenversicherungsträger.

Zur Erlangung von Kenntnissen über das Bestehen von Versorgungsanwartschaften sieht § 109 Abs. 3 S. 1 SGB VI einen Auskunftsanspruch gegen den Versorgungsträger vor. Dieses Auskunftsrecht erstreckt sich auch auf ehezeitliche Anwartschaften des anderen Ehegatten, wenn dieser seiner Auskunftspflicht nicht vollständig nachgekommen ist. Der Auskunftsanspruch erstreckt sich auf die Höhe der für die bisherige Ehezeit zu berechnenden Rentenanwartschaften aufgrund der dem Versicherungsträger vorliegenden Versicherungsunterlagen. Zu beachten ist aber, daß der Versicherte nur dann hinreichend verläßliche Angaben erhält, wenn er vor dem Auskunftsersuchen seinen bisherigen Versicherungsverlauf geklärt hat (sog. Kontenklärung) bzw. die zur Kontenklärung erforderlichen Tatsachen mitteilt, oder wenn ein bereits geklärtes Konto vorliegt (regelmäßig nicht bei Beginn der Versicherungszeit vor 1970). Das Gericht überträgt Rentenanwartschaften auf ein Rentenkonto des Ausgleichsberechtigten. Sie werden dort in Entgeltpunkte – soweit die zu übertragenden Anrechte im Beitrittsgebiet erworben wurden, in Entgeltpunkte Ost – umgerechnet.

Die Splitting-Entscheidung des Gerichts lautet etwa folgendermaßen:

„Von dem Versicherungskonto-Nr.: ... des ... bei ... werden auf das (oder: ein zu errichtendes) Versicherungskonto-Nr.: ... des ... bei ...Anwartschaften der gesetzlichen Rentenversicherung in Höhe von monatlich ... DM bezogen auf den ... (Ende der Ehezeit) übertragen. Der Monatsbetrag der zu übertragenden Rentenanwartschaften ist in Entgeltpunkte (oder: Entgeltpunkte Ost) umzurechnen."

Dem **Quasi-Splitting** unterliegen gemäß § 1587b Abs. 2 Nr. 2 Anwartschaften gegen Versorgungsträger des öffentlichen Dienstes, insbesondere Anstellungskörperschaften von Beamten (BV). Nach § 1 Abs. 3 des Versorgungsausgleichs-Härteregelungsgesetzes (VAHRG) findet ein Quasi-Splitting ferner bei Anrechten gegen einen öffentlich-rechtlichen Versorgungsträger statt, sofern diese keine Teilung der Versorgung innerhalb ihrer

Institution zulassen (Realteilung i.S. des § 1 Abs. 2 VAHRG). Damit ist das Quasi-Splitting ausgedehnt worden auf öffentlich-rechtliche Zusatzversorgungsträger (z.b. VBL-Zusatzversorgung) und die meisten berufsständischen Versorgungswerke etwa der Ärzte etc. Bei der Ausgleichsberechnung ist diese Erweiterung des Anwendungsbereiches des Quasi-Splittings aber gesondert zu behandeln, weil sie nicht in den Ausgleichsaldo nach § 1587b BGB fällt (siehe sogleich unten).

Quasi-Splitting bedeutet, daß im Versorgungsfall die Aufwendungen des Versorgungsträgers, auf den Anwartschaften „übertragen" wurden, vom Versorgungsträger, aus dessen Anwartschaftsbestand die Versorgung abgeleitet wurde, erstattet werden. Einzelheiten hierzu regelt die sog. Erstattungsverordnung. Die Entscheidung, ein Quasi-Splitting durchzuführen, könnte wie folgt lauten:

„Zu Lasten der für den ... bei ... bestehenden Versorgungsanwartschaften werden auf dem Konto-Nr. ... des ... bei dem ... Anwartschaften der gesetzlichen Rentenversicherung in Höhe von monatlich ... DM, bezogen auf den (Ende der Ehezeit) begründet. Der Monatsbetrag der zu übertragenden Rentenanwartschaften ist in Entgeltpunkte (oder: Entgeltpunkte Ost) umzurechnen."

Das Quasi-Splitting geht also immer in die gesetzliche Rentenversicherung, der frühere Versorgungsträger ist aufwendungserstattungspflichtig. Unterliegen der Entscheidung Anwartschaften (AW), die in beide Ausgleichsformen fallen, sind sie nach § 1587b Abs. 3 Satz 3 BGB im Wege der Saldierung nur als Überschuß in eine Richtung auszugleichen. Im Ausgleich gesondert zu behandeln sind die Anwartschaften, die unter das Härteregelungsgesetz fallen (vgl. OLG Hamburg, FamRZ 1985, 80).

Beipiel:
A und B lassen sich scheiden. Es stehen sich bei A und B folgende Ehezeitversorgungen – ggf. bereits bereinigt durch Umwertung nach § 1587a Abs. 3 – gegenüber:

A	B
400 GRV	200 GRV
100 BV	80 BV
100 Betriebsrente (BAV)	–
600 AW	280 AW

B. Vereinbarungen über den Versorgungsausgleich

Wertdifferenz:	320 AW
Ausgleichsforderung:	160 AW
davon b 1, 2 Anwartschaften:	110 AW
durch Splitting zu übertragen:	60 AW
durch Quasi-Splitting zu begründen:	50 AW

Der Ausgleich der BAV-Anwartschaften in Höhe von 50 AW richtet sich danach, ob diese unverfallbar sind oder nicht (siehe sogleich).

Erläuterung:

a) Zunächst wird die Wertdifferenz insgesamt ermittelt.

b) Es wird ermittelt, was durch Splitting übertragen werden kann. Hierbei wird die GRV-Anwartschaft des Verplichteten den GRV- und BV-Anwartschaften des Berechtigten gegenübergestellt und die Wertdifferenz ermittelt (§ 1587b Abs. 1). Die Hälfte der Wertdifferenz wird durch Splitting ausgeglichen.

c) Sodann wird die Restausgleichsverpflichtung aus GRV- und BV-Anwartschaften in Quasi-Splitting ausgeglichen.

1.2 Schuldrechtlicher Versorgungsausgleich

Der schuldrechtliche Versorgungsausgleich war gemäß §§ 1587 ff. BGB von Anbeginn an als Ausgleichsform vorgesehen. Er war als Ersatzausgleichsform konzipiert für Fälle, in denen der gesetzliche Wertausgleich von gesetzlichen Rentenanwartschaften aus versicherungstechnischen Gründen nicht mehr möglich war oder der ursprünglich vorgesehene Ausgleich durch Einzahlung in die gesetzliche Rentenversicherung bei privaten Versorgungsanwartschaften tatsächlich vor Eintritt des Versorgungsfalles nicht mehr erfolgt war. Der schuldrechtliche Versorgungsausgleich besteht in Zahlung einer unterhaltsähnlichen Geldrente gemäß § 1587g BGB im Versorgungsfall. Der schuldrechtliche Versorgungsausgleich dient von der Konzeption des Gesetzes her lediglich als Hilfslösung. Er hat nämlich folgende Nachteile:

B. Vereinbarungen über den Versorgungsausgleich

– er wird nur auf Antrag gewährt, § 1587f BGB,

– er steht unter verschärften Anspruchsvoraussetzungen (beide Ehegatten haben schon eine laufende Versorgung oder ein Ehegatte hat eine solche und der andere hat das 65. Lebensjahr vollendet oder ist nicht mehr erwerbsfähig), § 1587g Abs. 1 BGB,

– er sichert keine eigenständige Versorgung, begründet als schuldrechtlicher Anspruch insbesondere keine Anwartschaften wie in der gesetzlichen Rentenversicherung, etwa auf Hinterbliebenenversorgung.

Der schuldrechtliche Versorgungsausgleich ist grundsätzlich vom Gesetz auch eröffnet, wenn eine Parteivereinbarung ihn vorsieht (§ 1587f Nr. 4 BGB, hierzu sogleich). Er hat Querverbindungen zum gesetzlichen Unterhaltsrecht, ist aber unabhängig von Bedürftigkeit des Berechtigten und Leistungsfähigkeit des Verpflichteten zu gewähren (BGH FamRZ 1985, 263, 265). Das Gesetz trifft für die Kollision von Unterhalt und Ausgleichsrente keine Regelung. Die Härteklausel des §1587h Nr. 1 BGB schützt den Ausgleichspflichtigen nur vor übermäßiger Inanspruchnahme, wenn der Ausgleichsberechtigte nicht auf die Ausgleichsrente angewiesen ist und seinen Unterhalt im übrigen selbst bestreiten kann. Die Kollision soll bei grundsätzlichem Vorrang der Ausgleichsrente im Leistungsfall nach Billigkeit gemäß § 1581 BGH gelöst werden (vgl. Udsching, Versorgung und Unterhalt nach Scheidung, Göttingen 1979, Göppinger-Wenz Rdn. 384: Vermögensstamm ist anzugreifen). Die Entscheidung über den schuldrechtlichen Versorgungsausgleich ist auch aus diesem Grunde erst im Versorgungsfall möglich, so daß vorgezogene Feststellungsbegehren prozessual für unzulässig zu erachten sind (BGH, FamRZ 1984, 251).

Die Entscheidung über einen schuldrechtlichen Ausgleichsanspruch lautet etwa folgendermaßen:

„Der ... hat an den ... vom (Datum) an eine monatliche Ausgleichsrente von ... DM zu zahlen."

1.3 Auswirkungen des Härteregelungsgesetzes (VAHRG)

Das VAHRG enthält ergänzende Regelungen zur Schließung der Lücken, die die Entscheidungen des BVerfG (FamRZ 1983, 342) zur Verfassungswidrigkeit des § 1587b Abs. 3 BGB (uneingeschränkter Ausgleich von Anwartschaften - die nicht nach § 1587b Abs. 1 und 2 ausgleichbar sind - durch Beitragsentrichtung) und zur Verfassungswidrigkeit des dadurch erweiterten Anwendungsbereichs des schuldrechtlichen VA (BVerfG FamRZ 1986, 543) verursachten. Das VAHRG hat in seinen ersten Paragraphen vor allem eine Ersatzlösung für die verfassungswidrige Ausgleichsform der Beitragsentrichtung geboten. Danach gilt, daß alle Anwartschaften, die nicht als gesetzliche Rentenanwartschaften oder Beamtenversorgungsanwartschaften ausgeglichen werden können, in folgender Reihenfolge und folgenden Ausgleichsformen ausgeglichen werden sollen:

- sofern die Versorgung es zuläßt, durch echte Realteilung (§ 1 Abs. 1 VAHRG),

- sofern es sich um öffentlich-rechtliche Versorgungsträger, etwa berufsständische Versorgungswerke, handelt, hilfsweise durch Quasi-Splitting (§ 1 Abs. 3 VAHRG),

- in allen Fällen, die weder nach § 1587b noch den vorstehenden Formen ausgleichbar sind, durch schuldrechtlichen Versorgungsausgleich (§ 2 VAHRG).

Das Härteregelungsgesetz führt in der Praxis zu folgenden Konsequenzen:

a) Ein sofortiger Ausgleich durch **Realteilung** kommt fast nur bei Lebensversicherungsanwartschaften vor. Ausnahmen bilden die Ärzteversorgung Baden-Württemberg, die Kassenärztliche und die Tierärztliche Versorgung Hessens, die Zahnärzteversorgung Westfalen-Lippe und Rheinland-Pfalz, die Rechtsanwaltsversorgung Bayern, sowie die Notarversorgungen Köln, Koblenz und Saarland. Ferner haben eine Reihe von Versorgungswerken eine echte Realteilung vorgesehen, wenn der Ausgleichsberechtigte der gleichen oder einer vergleichbaren Berufsgruppe angehört (Übersicht bei Soergel-Zimmermann, VAHRG § 1 Rdn. 52). Realteilung bedeutet nicht, daß der ausgleichsberechtigte Ehegatte in das Versorgungswerk selbst aufgenommen werden muß. Es können auch Verbundsysteme z.B. mit Lebensversicherungen vorgesehen sein, die praktisch zu einer Aussteuerung über eine Lebensversicherung führen.

Die Ausgleichsentscheidung könnte etwa lauten:

„Zu Lasten der Versorgungsanrechte des ... bei der ... wird eine Versorgungsanwartschaft in Höhe einer Monatsrente von ... DM für den ... bei der ... begründet."

b) Das Quasi-Splitting kommt vornehmlich bei den öffentlich-rechtlichen berufsständischen Versorgungsträgern in Betracht, ferner z.B. bei der Altershilfe für Landwirte, bei der Schornsteinfegerversorgung, der hüttenknappschaftlichen Zusatzversorgung, der Zusatzversorgung des öffentlichen Dienstes, der Höherversicherung in der gesetzlichen Rentenversicherung und verschiedenen Abgeordnetenversorgungen. Quasi-Splitting bedeutet in diesem Fall, daß die Aufwendungen, die der gesetzliche Rentenversicherungsträger durch „Quasi-Übertragung" von Anwartschaften im Versorgungsfall dereinst hat, nach der Erstattungsverordnung vom abgebenden Versorgungsträger ausgeglichen werden müssen. Es kommt also zu einem Verrechnungsverbund außerhalb der gesetzlichen Vorsorgesysteme. (Zur Tenorierung in einem solchen Falle siehe oben 1.)

c) In allen anderen Fällen, insbesondere in weiten Bereichen der betrieblichen Altersversorgung, findet der schuldrechtliche Versorgungsausgleich nach § 2 VAHRG statt. Dieser schuldrechtliche Ausgleich erfaßt Versorgungsanwartschaften, die ursprünglich nach § 1587b Abs. 3 BGB sofort im Wertausgleich auszugleichen waren. Die früher schon im schuldrechtlichen Versorgungsausgleich auszugleichenden Anwartschaften (z.B. verfallbare betriebliche Altersversorgung, vgl. § 1587f Nr. 4 BGB) fallen nicht in das Härteregelungsgesetz.

B. Vereinbarungen über den Versorgungsausgleich

Beispiel:

A ist im Zeitpunkt der Ehescheidung

Fall 1: 9 Jahre
Fall 2: 10 Jahre

Angehöriger eines Betriebes mit Versorgungsanwartschaft in Höhe von 100 DM. Er hat außerdem eine gesetzliche Rentenanwartschaft von 500 DM. Seine Frau B hat eine gesetzliche Rentenanwartschaft von 600 DM.

Ausgleich im Fall 1:

A	B
500 GRV	600 GRV
500	600

Die B ist ausgleichspflichtig. Die betriebliche Versorgung des A wird nicht berücksichtigt, da sie noch nicht unverfallbar ist (§ 1587a Abs. 2 Ziff. 3 Satz 3 BGB). Sie ist später schuldrechtlich auszugleichen.

Ausgleich im Fall 2:

A	B
500	600
100	–
600	600

A und B haben für den sofortigen Wertausgleich gleich hohe Anwartschaften. Ein Versorgungsausgleich findet zunächst nicht statt. Bei der Ermittlung des Versorgungsüberschusses wird nach § 1587a Abs. 2 Ziff. 3 mit § 1587b Abs. 3, § 2 VAHRG die unverfallbare betriebliche Versorgung mit berücksichtigt. Denn §§ 1 und 2 VAHRG geben lediglich Ersatzausgleichsformen für die verfassungswidrige Form der sofortigen Beitragsentrichtung nach § 1587b Abs. 3 BGB, ändern also nichts an der Versorgungswertermittlung des § 1587a BGB.

B. *Vereinbarungen über den Versorgungsausgleich*

1.4 Beispiel

Das eingangs dargestellte Beispiel wird wie folgt modifiziert:

A		B	
400	GRV	200	GRV
100	BV	80	BV
50	§ 1 Abs. 2 VAHRG	–	
150	§ 1 Abs. 3 VAHRG	–	
100	BAV (§ 2 VAHRG)	150	BAV
800	AW	430	AW

a) Feststellung des Ausgleichspflichtigen

 Ausgleichspflichtig ist A, weil er einen Überschuß an Ehezeitanwartschaften in Höhe von 370 AW hat. Auszugleichende Hälfte hiervon: 185 AW. Bei der Feststellung der Ausgleichspflicht sind auch Anrechte zu berücksichtigen, die nach § 2 VAHRG in den schuldrechtlichen Versorgungsausgleich verwiesen werden (siehe oben).

b) Die GRV- und BV-Anwartschaften werden nach § 1587 b zunächst saldiert und ausgeglichen (siehe oben). Der hieraus resultierende Überschuß von 110 AW wird zu 60 AW durch Splitting und zu 50 AW durch Quasi-Splitting übertragen.

c) Der weitere Ausgleich richtet sich nach der gesetzlich vorgesehenen Rangfolge (vgl. BGH, FamRZ 1983, 1003), die durch das Härteregelungsgesetz nicht verändert wurde. Zunächst ist also festzustellen, welcher Anteil durch Realteilung nach § 1 Abs. 2 VAHRG ausgeglichen werden kann. Hier sind dies 50 AW.

d) Durch Quasi-Splitting nach § 1 Abs. 3 VAHRG können 150 AW ausgeglichen werden. Insgesamt sind aber nach Durchführung des Ausgleichs der gesetzlichen und Beamtenversorgungsanwartschaften lediglich noch 75 AW zu verteilen. Die weitere Verteilung ist umstritten (vgl. Hahne/Glockner, FamRZ 1983, 221 einerseits; Bergner, DRV 1983, 209, 225 f. andererseits; differenzierend Gutdeutsch/Lardschneider FamRZ 1983, 845, 851: grundsätzlich Rangfolge, aber Quotierung in derselben Ausgleichsart; vgl. Soergel/Vorwerk VAHRG § 1 Rz 11, Johannsen/Henrich-Hahne VAHRG § 3b

Rdn. 6ff., Rspr.-Nachweise bei RGRK-Wick, § 1 VAHRG Rz 9). Nach Hahne/Glockner sind die nach §§ 1 und 2 VAHRG ausgleichspflichtigen Versorgungen insgesamt verhältnismäßig zu verteilen (Quotierungsmethode). Dem hat sich nun der BGH angeschlossen (FamRZ 1994, 90). Größere Sicherheit für den Berechtigten bildet nach Bergner das Prinzip der strengen Rangfolge mit der Folge, daß die 75 überschüssigen AW zu 25 AW nach § 1 Abs. 2 VAHRG, zu 50 AW nach § 1 Abs. 3 VAHRG aufzuteilen sind. Ein schuldrechtlicher Ausgleich entfällt völlig. Soweit nach der ersten Methode noch 25 AW in den schuldrechtlichen Versorgungsausgleich fielen, greift nun aber § 3 b VAHRG ein.

1.5 Der verlängerte schuldrechtliche Versorgungsausgleich

Die im § 2 VAHRG ursprünglich vorgesehene weite Ausgestaltung der Auffangfunktion des schuldrechtlichen Versorgungsausgleichs wurde alsbald für verfassungswidrig erklärt (BVerfG FamRZ 1986, 543), vor allem aus drei Gründen:

– Der schuldrechtliche Versorgungsausgleich sei als Auffangtatbestand für den Ausgleichsberechtigten unzumutbar, insbesondere im Hinblick auf die Tatsache, daß jeglicher Anspruch mit dem Tod des Ausgleichspflichtigen entfällt,

– Beitragszahlungen zur Erfüllung der Ausgleichspflicht, wie früher in § 1587 b Abs. 3 vorgesehen, seien keineswegs schlechthin unzulässig und unzumutbar, sie sollten als Ausgleichsform weiter zu Verfügung stehen,

– nicht zu akzeptieren sei, daß das Härteregelungsgesetz die Abfindung des schuldrechtlichen Ausgleichsanspruchs, also eine Kapitalisierung gemäß § 1587 l BGB, generell ausschließe (früher § 2 Abs. 2 VAHRG).

Diese Einwände wurden sämtlich durch das Gesetz über weitere Maßnahmen auf dem Gebiet des Versorgungsausgleichs vom 8. 12. 1986 (BGBl I Seite 2317) beseitigt.

B. Vereinbarungen über den Versorgungsausgleich

Entgegen den ursprünglichen Vorstellungen wurde das Versorgungsausgleichsrecht nicht vollständig neu konzipiert, sondern auf der Basis des Härteregelungsgesetzes weiter ausgebaut. Das Gesetz wurde Dauerrecht. Im Sinne des BVerfG wurde allerdings vor die letzte Ausgleichsstufe, den Versorgungsausgleich nach § 2 VAHRG, ein Katalog von den schuldrechtlichen Versorgungsausgleich vermeidenden anderen Ausgleichsmöglichkeiten eingefügt, im einzelnen:

– Nach § 3 b Abs. 1 Nr. 1 VAHRG ist durch das Familiengericht zunächst zu prüfen, ob ein anderes vor **oder** in der Ehezeit erworbenes Anrecht des Verpflichteten i. S. des § 1587 b Abs. 1 oder 2 zum Ausgleich herangezogen werden kann, und zwar bis zu einer Bagatellgrenze, die für das zu übertragende Anrecht maximal 2% der jährlich vom BMA durch Rechtsverordnung bestimmten Bezugsgröße gemäß § 18 IV SGB beträgt, bezogen auf das Ende der Ehezeit (für 1995 81,20 DM [West] und 65,80 DM [Ost]). Die Anwendung der Vorschrift steht im pflichtgemäßen Ermessen des FamG, soweit mehrere auszugleichende Anrechte noch vorhanden sind, auch die Auswahl unter denselben. Eine erweiterte Realteilung nach § 1 Abs. 2 VAHRG muß von der Versorgungssatzung allerdings zugelassen sein (Wagenitz FamRZ 1987, 1, 3). Dieses Verfahren nennt man auch „**begrenztes Super-Splitting**".

– Führt diese Lösung noch nicht zum Ziel, stellt § 3 b Abs. 1 Nr. 2 Satz 2 VAHRG wieder den Versorgungsausgleich durch Beitragszahlung zur Verfügung, die vom FamG nach pflichtgemäßem Ermessen angeordnet werden kann, soweit dem Verpflichteten dies nach seinen wirtschaftlichen Verhältnissen zumutbar ist, unter Umständen auch durch Gewährung von Ratenzahlung etc.

– In § 2 VAHRG wurde auch die Möglichkeit der Abfindung nach § 1587 l BGB wieder vorgesehen. Dies setzt allerdings die Geltendmachung eines entsprechenden Anspruchs durch den Ausgleichsberechtigten voraus. Die Abfindung ist nach § 1587 l Abs. 3. nur durch Zahlung von Beiträgen zur gesetzlichen Rentenversicherung oder zu einer privaten Lebensversicherung mit bestimmter Ausgestaltung möglich.

- Scheiden alle vorstehenden Möglichkeiten zur Vermeidung des schuldrechtlichen Versorgungsausgleichs aus, findet dieser statt, allerdings nunmehr in der Form des § 3 a VAHRG mit sogenanntem **verlängertem schuldrechtlichen** Versorgungsausgleich. Das bedeutet, daß **unabhängig** davon, ob die vorgesehene Versorgungsordnung dies gestattet, bei Fällen, in denen ein schuldrechtlicher Versorgungsausgleich zu zahlen wäre, der Verpflichtete aber zu diesem Zeitpunkt bereits verstorben ist, eine Hinterbliebenenversorgung gewährt wird, sofern die Versorgungsordnung überhaupt und unabhängig von einer Scheidung Hinterbliebenenversorgung vorsieht. Dieser verlängerte schuldrechtliche Versorgungsausgleich wird als Anspruch nach dem Tod des Ausgleichspflichtigen durch den Ausgleichsberechtigten unmittelbar dem Versorgungsträger gegenüber geltend gemacht. Der Regelung stand § 22 Beamtenversorgungsgesetz Pate. Handelt es sich allerdings um einen schuldrechtlichen Versorgungsausgleich aufgrund Parteivereinbarung, ist zusätzlich die Zustimmung des Versorgungsträgers zur Verlängerung erforderlich.

1.6 Abänderungsmöglichkeiten

Die rechtsdogmatisch einschneidendste Regelung enthält das Maßnahmegesetz allerdings in § 10a, der die seit Anbeginn der Einführung des Versorgungsausgleichs stets geforderte Korrekturmöglichkeit bei wesentlicher Änderung der Verhältnisse vorsieht. Auf Antrag wird eine familiengerichtliche Entscheidung abgeändert, wenn

- eine wesentliche Wertverschiebung bei der Ermittlung der auszugleichenden Anwartschaft, und zwar um über 10 %, stattgefunden hat,

- ein Anrecht nachträglich unverfallbar geworden und damit vorrangig in den Wertausgleich einzubeziehen ist,

- ein zunächst schuldrechtlich auszugleichendes Anrecht nach Änderung entsprechender Bestimmungen der Versorgungsordnung nunmehr durch Splitting oder Quasi-Splitting ausgeglichen werden kann.

B. Vereinbarungen über den Versorgungsausgleich

Voraussetzung einer Abänderung ist aber die Vollendung des 55. Lebensjahres durch einen der Ehegatten oder daß bereits Versorgungen gewährt werden.

Beachte: Diese Bestimmungen sind gemäß § 10a Abs. 9 auf Vereinbarungen über den Versorgungsausgleich anzuwenden, sofern die Abänderung nicht ausgeschlossen wurde. Hierzu gibt es eine wichtige Übergangsbestimmung, nämlich § 13 Abs. 1 Nr. 2 des Maßnahmegesetzes. Danach können Vereinbarungen nur abgeändert werden, soweit die Bindung an die Vereinbarung auch unter besonderer Berücksichtigung des Vertrauens des Antragsgegners in die getroffene Vereinbarung für den Antragsteller unzumutbar ist. Wurde im Zusammenhang mit der Vereinbarung über den Versorgungsausgleich auch anderes (Zugewinn, Unterhalt etc.) geregelt, findet eine Abänderung nicht statt, es sei denn, daß die Regelung im übrigen auch ohne den Versorgungsausgleich getroffen worden wäre. Die Bestimmung wurde auf Betreiben der Bundesnotarkammer eingefügt und soll dem besonderen Vertrauensschutz Rechnung tragen. Scheidungsvereinbarungen zur Gesamtauseinandersetzung sind also regelmäßig im Teil Versorgungsausgleich später auch bei wesentlicher Änderung der Verhältnisse nicht abänderbar, soweit sie vor dem 1. 1. 1987 getroffen wurden. Für Vereinbarungen nach diesem Zeitpunkt muß die Abänderbarkeit - wenn nicht gewünscht - in der Vereinbarung selbst ausgeschlossen werden.

Trotz ihrer Ausführlichkeit löst die Regelung nicht alle Fälle, denn neben §§ 10a Abs. 9, 13 Abs. 1 Nr. 2 VAHRG dürften noch die Grundsätze des Wegfalls der Geschäftsgrundlage zu beachten sein. Diese wurden durch die Rechtsprechung zumindest im Hinblick auf die Gesetzesänderungen zum Versorgungsausgleichsrecht zur Korrektur von Vereinbarungen herangezogen.

Beispiele:
– OLG Düsseldorf FamRZ 1984, 1115: Übertragung von Grundbesitz zur Vermeidung eines Versorgungsausgleichs durch Beitragsentrichtung vor Entscheidung zur Verfassungswidrigkeit dieser Ausgleichsform (aus tatsächlichen Gründen allerdings verneint).
– OLG Schleswig FamRZ 1986, 70: Vereinbarung über eine Ausgleichszahlung zur Neutralisierung der Belastung durch

einen Versorgungsausgleich durch Beitragszahlung vor Inkrafttreten des VAHRG (Wegfall bejaht),
- BGH FamRZ 1987, 578: Übertragung von Grundbesitz zur Abwendung eines Versorgungsausgleichs durch Beitragsentrichtung (Wegfall der Geschäftsgrundlage im Hinblick auf Rechtsgedanken des § 779 Abs. 1 BGB verneint).
- aber auch BGH FamRZ 1994, 96: Verzicht im Hinblick auf neue Ehe, Wegfall der Geschäftsgrundlage, weil diese scheitert.

2. Vereinbarungsmöglichkeiten

2.1 Verhältnis §§ 1408 - 1587o BGB

§ 1408 einerseits und § 1587o BGB andererseits werden meist als alternative gesetzliche Regelungen gesehen. Dies ist weder von der Ratio des Gesetzes noch von der Rechtswirklichkeit her zutreffend.

Nach der Entstehungsgeschichte des Gesetzes (vgl. BT-Drucks. 7/4361; 7/4694) war die Einbeziehung des Versorgungsausgleichs in den Bereich der Vereinbarungsbefugnisse der Beteiligten überhaupt umstritten. Als Kompromiß wurde festgehalten, daß Vereinbarungen über den Versorgungsausgleich grundsätzlich zugelassen sein sollen, daß sie aber im unmittelbaren Zusammenhang mit Scheidungsverfahren unter zwei Gesichtspunkten einer besonderen Überprüfung zu unterwerfen seien:

- es soll verhindert werden, daß in der Drucksituation der Scheidung das besondere Anliegen, dem Ausgleichsberechtigten eine eigenständige Alterssicherung zu verschaffen, zu leicht zur Disposition der Beteiligten steht,

- es soll vermieden werden, daß Manipulationen zu Lasten der Sozialversicherung vereinbart werden (vgl. § 1587o Abs. 1 Satz 2 BGB).

B. Vereinbarungen über den Versorgungsausgleich

Durch die Jahresfrist des § 1408 Abs. 2 BGB, innerhalb derer Scheidungsvereinbarungen genehmigungsbedürftig sind, sollte eine Schutzfrist zur Vermeidung von Mißbrauchsfällen eingeführt werden. Auch Scheidungsvereinbarungen über den Versorgungsausgleich haben grundsätzlich aber im Sinne der Partei-Dispositionsfreiheit ehevertraglichen Charakter. Die Schutzvorschrift des § 1408 Abs. 2 BGB beschreibt die gesetzliche Vermutung einer Gefahrenlage, sie stellt ein „Gefährdungsverbot" im Vorfeld des „Verletzungsverbots" des § 138 BGB auf (so Soergel/Gaul, § 1408, Rdz. 44).

Wird innerhalb eines Jahres nach Abschluß der Vereinbarung Antrag auf Scheidung der Ehe gestellt, ist die gerichtliche Genehmigung der Vereinbarung erforderlich, die nach Prüfung der Geeignetheit und Angemessenheit der Vereinbarung zur Versorgungssicherung erteilt werden soll (§ 1587 o Abs. 2 Satz 4 BGB). Die Rechtsprechung zur Verfassungsmäßigkeit dieses Genehmigungsvorbehalts zeigt, daß der Genehmigungsvorbehalt nicht als Beschränkung der grundsätzlich vorhandenen Privatautonomie ausgelegt werden darf:

BVerfG, DNotZ 1982, 568 = FamRZ 1982, 769, erkennt die Verfassungsmäßigkeit des Genehmigungsvorbehalts an, weil der Gesetzgeber zu Recht den Schutz des Ausgleichsberechtigten sicherstellen wollte. Es wird aber weiter ausgeführt:

„Die Versagung der Genehmigung setzt voraus, daß die vereinbarte Leistung unter Einbeziehung der Unterhaltsregelung und der Vermögensauseinandersetzung offensichtlich nicht zur Sicherung des Berechtigten für den Fall der Erwerbsunfähigkeit und des Alters geeignet ist oder zu keinem nach Art und Höhe angemessenen Ausgleich unter den Ehegatten führt. Das Merkmal der Offensichtlichkeit erweitert den Vereinbarungsspielraum der Ehegatten und entbindet die Familiengerichte von der Verpflichtung, einen bis ins einzelne gehenden Vergleich zwischen den sich aus dem Vertrag ergebenden Leistungen und dem Ergebnis eines fiktiv durchgeführten Versorgungsausgleichs vorzunehmen. Wenn Versagungsgründe vorliegen, führen diese zwar dazu, daß die Genehmigung der Vereinbarung nicht erteilt werden „soll"; diese schonende Fassung trägt aber ebenfalls des Verhältnismäßigkeitsgrundsatz Rechnung."

B. Vereinbarungen über den Versorgungsausgleich

Im folgenden rechtfertigt das Bundesverfassungsgericht dann, daß Vereinbarungen nach § 1408, die mit mehr als einem Jahr Abstand vor dem Scheidungsantrag getroffen wurden, nicht genehmigungsbedürftig seien, was zeigt, daß eine durchgängige Betrachtungsweise vorgenommen wurde.

Ähnlich hält der BGH, DNotZ 1982, 569 = FamRZ 1982, 471 den Genehmigungsvorbehalt für verfassungsmäßig, legt aber in der betreffenden Entscheidung die Genehmigungsfähigkeit äußerst weit aus. Hierbei wird festgestellt, § 1587 o Abs. 2 Satz 4 BGB „könne nicht als abschließende Regelung der Genehmigungsvoraussetzungen angesehen werden." Entscheidend wird auf die anderweitige Absicherung des Ausgleichsberechtigten abgestellt, im konkreten Fall sogar durch eine aus künftiger Ehe zu erwartende lebensversicherungsvertragliche Absicherung (vgl. auch BGH FamRZ 1987, 578).

Daraus folgt:

a) Bei allen Vereinbarungen über den Versorgungsausgleich werden Scheidungsfolgen geregelt, unabhängig von der Frage, wie nahe die Scheidung bevorsteht,

b) das Anliegen des Schutzes des „schwächeren" ausgleichberechtigten Partners ist in allen Vereinbarungen über den Versorgungsausgleich zu beachten, bei Vereinbarungen nach § 1408 BGB über die Prüfung der objektiven und subjektiven Sittenwidrigkeit gemäß § 138 BGB, bei Vereinbarungen nach § 1587 o BGB nach den sich objektiv hieran anlehnenden Kriterien des § 1587 o Abs. 2 Satz 4 BGB,

c) § 1408 Abs. 2 BGB enthält eine rein formale zeitliche Schranke für den Genehmigungsvorbehalt, begründet aber typologisch keinen Unterschied zwischen Vereinbarungen vor Jahresfrist und innerhalb Jahresfrist,

d) der Genehmigungsvorbehalt des § 1587 o BGB ist verfassungskonform nur in einer Weise anwendbar, die die Dispositionsfreiheit der Ehegatten nicht unzulässig einengt mit der Maßgabe:

– daß Manipulationen zu Lasten der Sozialversicherungsträger verhindert werden sollen,

B. Vereinbarungen über den Versorgungsausgleich

– daß offensichtlich unangemessene und ungeeignete Regelungen, die objektiv den Charakter der Sittenwidrigkeit tragen, verhindert werden sollen. Lediglich die subjektiven Elemente der Sittenwidrigkeit sind bei Vereinbarungen nach § 1587 o BGB nicht mehr für die Genehmigung ausschlaggebend.

Insgesamt folgt daraus, daß der Prüfungsgrad auf inhaltliche Zulässigkeit 3 Stufen von Fällen kennt:

– rein vorsorgende Vereinbarungen vor oder bei intakter Ehe,

– Vereinbarungen über Scheidungsfolgen in kriselnder Ehe mit möglicherweise bevorstehender Scheidung,

– Scheidungsvereinbarungen gemäß § 1587 o BGB.

Zwischen den beiden letzten Fällen ergibt sich in der Rechtsprechung kein gravierender Unterschied mit der Folge, daß die inhaltliche Prüfung bei Genehmigung einer Vereinbarung nach § 1587 o BGB der Sittenwidrigkeitsprüfung ähnelt (im einzelnen siehe hierzu sogleich unten). Auch prüft das FamG eine einmal vorgelegte Vereinbarung von Amts wegen (BGH FamRZ 1987, 578).

Formal wird deshalb auch für zulässig erachtet, eine als Scheidungsvereinbarung zu betrachtende Vereinbarung vor Eintritt in die Jahresfrist des § 1408 Abs. 2 BGB bereits als Vereinbarung nach § 1587 o BGB zu konzipieren und zur Genehmigung vorzulegen (vgl. Soergel-Vorwerk, § 1587 o Rdn. 19)

Anderenfalls entstünde zeitlich eine Regelungslücke. Bei mehrdeutiger Konstruktion oder Formulierung ergibt die Auslegung bei Bevorstehen einer Scheidung eine Vereinbarung nach § 1587 o BGB (OLG Düsseldorf FamRZ 1986, 68: bestätigt von BGH FamRZ 1987, 465) es sei denn, es handelte sich um einen Ehevertrag im Zuge eines Versöhnungsversuchs (OLG Koblenz FamRZ 1986, 1220). Die Umdeutung einer nach § 1408 Abs. 2 BGB unwirksamen Vereinbarung in eine solche nach § 1587 o ist nicht möglich (OLG Hamburg FamRZ 1991, 1067).

B. Vereinbarungen über den Versorgungsausgleich

Für die Praxis stellt sich die Frage, ob an der Praxis der **„verkappten Scheidungsvereinbarung"** nach § 1408 BGB mit der Verfahrensabsprache zur Stellung des Scheidungsantrags erst nach Ablauf der Jahresfrist festgehalten werden soll. Dagegen spricht, daß die volle inhaltliche Verantwortlichkeit für die Ausgewogenheit der Regelung bei den beteiligten liegt, entsprechend auch die Belehrungspflicht des Notars dem „schwächeren" Vertragsteil gegenüber besteht. Bewußte Umgehungsvereinbarungen könnten auch unter diesem Gesichtspunkt angegriffen werden. Daraus folgt als Mindestlehre, daß eine umfassende Belehrung über die Risiken eines Scheidungsfolgenvertrages im Stadium der kriselnden Ehe besonders wichtig ist.

Beispiel:

(OLG Bamberg, FamRZ 1984, 483).

In notariellem Vertrag vom 5. 11. 1980 haben die Parteien den gesetzlichen Güterstand aufgehoben, gleichzeitig den Versorgungsausgleich ausgeschlossen, auf jeglichen Unterhalt verzichtet und eine Hausratsverteilungsregelung getroffen. Seit dem 29. 6. 1981 lebten die Parteien getrennt, Scheidungsantrag wurde am 26. 10. 1981 eingereicht, nach Prozeßkostenhilfeprüfung am 8. 7. 1982 zugestellt. Die Ehefrau macht Sittenwidrigkeit der Ausschlußvereinbarung geltend.

Das OLG Bamberg vereinte die Merkmale der Sittenwidrigkeit in objektiver und subjektiver Hinsicht. Daß sich die Ehe der Parteien bereits in der Krise befunden habe, mache den Vertrag nicht unwirksam. Zwar habe der Gesetzgeber Verträge über den Ausschluß des Versorgungsausgleichs bei bestehenden konkreten Scheidungsabsichten erschweren wollen, diesem Zweck genüge aber die Vorschrift des § 1408 Abs. 2 Satz 2 BGB. Schließlich seien die Beteiligten vom beurkundenden Notar umfassend auf die Folgen des Vertrages und dessen Risiken hingewiesen worden. Sich von sämtlichen nachteiligen Scheidungsfolgen freizeichnen zu wollen ist an sich nicht sittenwidrig (BGH FamRZ 1991, 306).

Die Entscheidung des OLG Bamberg bestätigt die **formale Betrachtungsweise**, daß eine Genehmigungspflicht nur innerhalb der Jahresfrist des § 1408 Abs. 2 BGB vorliegt (vgl. auch BGH FamRZ 1987, 365; OLG Düsseldorf FamRZ 1987, 953; OLG Frankfurt FamRZ 1986, 1005). Sie zeigt aber die erhöhten Prüfungsanforderungen an Vereinbarungen in kriselnden Ehen. Deshalb empfiehlt sich selbst bei Abschluß von Verträgen nach § 1408 BGB bei bevorstehender Scheidung, inhaltlich ähnliche Anforderungen an die Prüfung und Belehrung wie bei Scheidungsvereinbarungen zu stellen.

Diesem Anliegen sollte man auch bei der Abfassung der Vereinbarung Rechnung tragen, um Haftungsrisiken mangels gewissenhafter Erfüllung der Prüfungs- und Belehrungspflichten auszuschließen.

Anzugeben sind:

– alle Tatsachen, auf die sich die Vereinbarung der Beteiligten stützt, insbesondere die bisher der angewachsenen Versorgung zugrundeliegenden Zeiten der Erwerbstätigkeit,

– die Gründe, die die Beteiligten bewegen, die getroffene Vereinbarung als ausgewogen und nicht einseitig nachteilig zu erachten,

– die auch in § 1587 o Abs. 2 Satz 4 BGB erwähnten Kriterien der Gesamtauseinandersetzung in vermögensrechtlicher, unterhaltsrechtlicher und versorgungsausgleichsrechtlicher Hinsicht.

Gegen eine solche ausführliche Darstellung vorgebrachte Bedenken unter dem Gesichtspunkt der Förderung von Anfechtungsmöglichkeiten bzw. der Berufung auf den Wegfall der Geschäftsgrundlage müssen hinter der objektiven Notwendigkeit der Risikoprüfung zurückstehen.

Von einer verkappten Scheidungsvereinbarung zu unterscheiden ist der **geheime Vorbehalt einer Scheidungsabsicht**. Dieser führt allenfalls zu einer Anfechtungsmöglichkeit gemäß § 123 BGB (OLG Düsseldorf FamRZ 1987, 953).

2.2 § 1408 Abs. 2 BGB

Nach § 1408 Abs. 2 BGB ist eine ehevertragliche Vereinbarung über den Versorgungsausgleich unwirksam, wenn innerhalb Jahresfrist nach Vertragsschluß Antrag auf Scheidung der Ehe gestellt wird oder bereits gestellt ist (BGH FamRZ 1987, 467). Diese Frist beginnt bei Vertragsschluß vor Eheschließung mit der Eheschließung. Der Antrag auf Scheidung der Ehe ist innerhalb Jahresfrist gestellt, wenn der Scheidungsantrag innerhalb der Frist durch einen postulationsfähigen Anwalt (OLG Zweibrücken FamRZ 1987, 84) bei Gericht eingereicht wurde und die Zustellung gemäß § 270 Abs. 3 ZPO demnächst erfolgt (BGH, FamRZ 1985, 45). Aufgabe der Vereinbarung ist es, die Folgen dieser Unwirksamkeit zu regeln bzw. den Eintritt derselben zu verhindern. Zu regeln ist zunächst, ob die Gesamtvereinbarung über die Auseinandersetzung von dieser Unwirksamkeit berührt wird.

Formulierung:

„Die Beteiligten wurden darauf hingewiesen, daß vorstehende Ausschlußvereinbarungen unwirksam werden, wenn innerhalb eines Jahres Antrag auf Scheidung der Ehe gestellt wird. Sie vereinbaren, daß in einem solchen Falle die Gültigkeit der übrigen Vereinbarungen nicht berührt wird."

Dies ist auch ratsam, soweit es lediglich die Frage der Wirksamkeit der Gütertrennung anbetrifft. Insoweit gibt zwar § 1414 Satz 2 BGB die Maßgabe, daß mit Vereinbarung des Versorgungsausgleichs Gütertrennung eintritt. Diese Rechtsfolge ist rechtsystematisch aber verfehlt, weil Zweck der Regelung sein sollte, den Verzichtenden nicht mit güterrechtlichen Ausgleichsansprüchen zu belasten. Im Regelfall der Verzichtsvereinbarungen würde durch den Ausschluß der Gütertrennung vermutlich aber der schwächere Ehegatte zusätzlich benachteiligt. Daraus folgt, daß die Frage der Gütertrennung stets ausdrücklich in der Vereinbarung angesprochen werden sollte. Was die Unwirksamkeitsfolge anbetrifft, sollte die Unabhängigkeit ebenfalls klargestellt werden.

Formulierung:

„Sollte vorstehende Ausschlußvereinbarung unwirksam werden, weil innerhalb eines Jahres Antrag auf Scheidung der

Ehe gestellt wird, so berührt dies die eingetretene Gütertrennung nicht. Die Beteiligten vereinbaren ausdrücklich den Bestand der vereinbarten Gütertrennung unabhängig von der Wirksamkeit des Ausschlusses des Versorgungsausgleichs."

Vorstehende Überlegungen gelten nicht, wenn die Ausschlußvereinbarung in einem synallagmatischen Verhältnis zur sonstigen Auseinandersetzung steht, so daß bei Aufnahme einer salvatorischen Klausel die Interessenlage zu gewichten und differenzieren ist. Dies gilt insbesondere bei Abfindung des ausgleichsberechtigten Ehegatten durch güterrechtliche Übertragungen. Nach OLG Stuttgart, FamRZ 1984, 806, besteht bei Scheidungsvereinbarungen in aller Regel ein Wirksamkeitszusammenhang mit der Folge der Gesamtnichtigkeit.

Formulierung:

„Wird vorstehende Ausschlußvereinbarung unwirksam, weil innerhalb eines Jahres Antrag auf Scheidung der Ehe gestellt wird, so wird vorstehende Auseinandersetzungsvereinbarung bezüglich des Güterstandes ebenfalls hinfällig. Die vorstehende Vereinbarung zur Unterhaltsregelung bleibt jedoch unberührt."

Zu regeln ist grundsätzlich auch die Frage, ob bei Rücknahme eines binnen Jahresfrist gestellten Scheidungsantrags die ursprüngliche Vereinbarung wieder aufleben soll, was im Zweifel anzunehmen ist (BGH FamRZ 1986, 788, Argument: § 269 Abs. 3 ZPO). Die Rücknahme kann auch die Umgehung einer familiengerichtlichen Genehmigung zum Ziel haben (s. o.: formale Betrachtung; Langenfeld Mitt. RhNotK 1988, 111). Ausdrücklich festgehalten werden muß zumindest, ob die Vereinbarung ex nunc oder ex tunc wiederauflebt.

Formulierung:

„Wird der die Wirksamkeit der Vereinbarung berührende Scheidungsantrag wieder zurückgenommen, so lebt vorstehende Regelung mit Wirkung vom heutigen Tage wieder auf. (Und bei Koppelung der güterrechtlichen Regelung:) Gleiches gilt für die mit dieser Vereinbarung eingetretene Gütertrennung."

Auf jeden Fall zu regeln ist schließlich bei Koppelung der Gütertrennung an den Versorgungsausgleichsausschluß und einem die Wirksamkeit berührenden Scheidungsantrag der Güterstand bis zur Stellung dieses Scheidungsantrages.

Formulierung:
(siehe Langenfeld, Handbuch, Rdn. 556):

„Ist die Vereinbarung über den Versorgungsausgleich durch Stellen des Scheidungsantrags innerhalb eines Jahres unwirksam, verbleibt es für die Zeit zwischen dem Abschluß der Vereinbarung und der wirksamen Stellung des Scheidungsantrags bei der Gütertrennung. Ab Stellung des Scheidungsantrags tritt jedoch wieder der gesetzliche Güterstand in Kraft."

2.3 Kombinierte Vereinbarungen nach §§ 1408, 1587 o

Wegen der aufgezeigten Bedenken gegen eine rein ehevertragliche Regelung im erkennbaren Vorstadium eines Scheidungsverfahrens empfiehlt es sich, die Vereinbarung auf eine evtl. Scheidung abzustellen (zur Zulässigkeit der Kombination BGH FamRZ 1987, 467). Eine Vereinbarung nach § 1587 o BAG muß sich inhaltlich nicht von der ehevertraglichen Vereinbarung des § 1408 BGB unterscheiden. Sie sollte lediglich genaue Ausführungen zur Angemessenheit und Geeignetheit der Ersatzlösung enthalten. Im Hinblick auf die Vermeidung einer Unwirksamkeitsgefahr aus § 138 BGB sind derartige Erwägungen jedoch auch in der Vereinbarung nach § 1408 BGB sinnvoll (siehe oben).

Die kombinierte Vereinbarung darf formulierungsmäßig nur die formale Schranke des § 1408 Abs. 2 S. 2 BGB beseitigen. Werden hingegen eine Vereinbarung nach § 1408 und § 1587 o BGB selbständig nebeneinander gestellt, wertet die Rechtsprechung dies, selbst wenn das Sperrjahr eingehalten wird, bei einem Scheidungszusammenhang nur als Scheidungsvereinbarung. Für eine ehevertragliche Regelung sei kein Raum (OLG Düsseldorf FamRZ 1986, 68). Eine Vereinbarung nach § 1408 kann nicht ohne Zustimmung der Ehegatten in eine solche nach § 1587 o umgedeutet werden (BGH FamRZ 1983, 459).

Formulierung:

„Die Beteiligten schließen den Versorgungsausgleich nach § 1587 ff. BGB aus. Sie nehmen diesen Verzicht wechselseitig an.

Die Beteiligten gehen davon aus, daß der vorstehende Ausschluß des Versorgungsausgleichs im Hinblick auf die Gesamtauseinandersetzung der Eheleute in dieser Vereinbarung angemessen ist. Durch die Übertragung des Grundbesitzes auf die Ehefrau mit der Folge, daß ihr nach heutigem Stand monatliche Mieteinnahmen von 700,– DM zufließen, wurde ihr eine eigenständige Einkunftsquelle und Sicherung für den Altersfall geschaffen. Die beiderseitigen Versorgungsanwartschaften aus der Ehezeit differieren nach den Berechnungen des Rentensachverständigen X lediglich um 500,– DM zugunsten des Ehemannes. Angesichts der übertragenen Vermögenswerte und der Versorgungssituation der Beteiligten wird die Absicherung der Ehefrau für den Alters- und Invaliditätsfall für geeignet und angemessen erachtet.

Der Notar hat darauf hingewiesen, daß vorstehende Ausschlußvereinbarung unwirksam wird, wenn innerhalb eines Jahres Antrag auf Scheidung der Ehe gestellt wird. Mit Rücksicht darauf vereinbaren die Beteiligten, daß es für den Fall der Stellung eines Scheidungsantrags innerhalb der Jahresfrist bei der Vereinbarung bleibt und dieselbe lediglich der Genehmigung des Familiengerichts bedarf. Die Beteiligten werden ggf. diese Genehmigung selbst herbeiführen."

Vorstehende salvatorische Klausel ist einer Verfahrensabrede zur Stellung des Scheidungsantrags vorzuziehen. Denkbar ist jedoch, daß verfahrensrechtlich wirksame Vereinbarungen zur Stellung des Scheidungsantrags parallel getroffen werden. Derartige Verfahrensvereinbarungen binden die Beteiligten. Von Bedeutung kann insbesondere sein, auf welcher rechtlichen Grundlage ein Scheidungsantrag dereinst gestellt werden wird. Ggf. empfiehlt sich ein entsprechender Zusatz.

Formulierung:

„Die Beteiligten vereinbaren, daß für den Fall der Stellung des Scheidungsantrages innerhalb der Jahresfrist vorstehende Vereinbarung als solche gemäß § 1587o BGB fortgelten soll. Dies soll jedoch nur der Fall sein, wenn der Scheidungsantrag mit Zustimmung des anderen Ehegatten gemäß § 1566 Abs. 1 BGB gestellt wird."

3. Inhaltliche Schranken einer Vereinbarung nach § 1408

3.1 Beurteilungskriterium: Scheidungsnähe

Unter dem Gesichtspunkt von „Scheidungsvereinbarungen" sind nach dem bisher Gesagten auch Vereinbarungen im Vorfeld der Scheidung nach § 1408 BGB zu behandeln. Die Möglichkeiten, Vereinbarungen zu treffen, laufen bei § 1408 und § 1587o BGB im wesentlichen gleich (BGH FamRZ 1986, 890; Soergel/Gaul § 1408 Rdn. 35). Zulässigkeitsschranken ergeben sich aus

– § 134 BGB, soweit Gesetzwidriges vereinbart wird,

– § 138 BGB, soweit Sittenwidriges vereinbart wird,

– § 1587o Abs. 2 Satz 4 BGB, soweit im aktuellen Scheidungszusammenhang offensichtlich Unangemessenes oder zur Absicherung Ungeeignetes vereinbart wird.

B. Vereinbarungen über den Versorgungsausgleich

Die Schranken der Gesetz- und Sittenwidrigkeit stellen sich auch bei Vereinbarungen ohne aktuellen Scheidungszusammenhang.

Folgende Beispiele zeigen, daß Aussagen zur zulässigen Gestaltung nur unter Vorbehalt typologisierbar sind.

Beispiel:

Verlobte kommen zum Notar und wollen Gütertrennung, Unterhalts- und Versorgungsausgleichsverzicht vereinbaren.

Eine solche Vereinbarung verstößt nicht gegen gesetzliche Bestimmungen, zu prüfen wäre die Frage der Sittenwidrigkeit. Nach BGH, FamRZ 1983, 137 beurteilt sich die Sittenwidrigkeit des Unterhaltsverzichtes u. a. danach, ob konkrete Anhaltspunkte für eine Sozialhilfebedürftigkeit in Auswirkung des Verzichts vorlägen (BGH NJW 1991, 913). Maßgeblich für diese Beurteilung ist der Zeitpunkt des Vertragsschlusses (BGH aaO. anders OLG Hamburg FamRZ 1991, 88). Dies zeigt, daß die Zulässigkeitsprüfung bei rein vorsorgenden Vereinbarungen einen weiteren Vereinbarungsspielraum zuläßt, weil mit aktuellen Gefährdungssituationen nicht zu rechnen ist. Entsprechendes gilt erst recht für den Versorgungsausgleich, der nicht den aktuellen Alimentationsbezug wie der Unterhalt hat (vgl. Zimmermann/Becker, FamRZ 1983, 1, 9 m.w. N. in Fußn. 123).

Beispiel:

Ehemann A besitzt ein Hausgrundstück. Dieses wird veräußert gegen Gewährung einer lebenslänglichen Rente an die Eheleute gemäß § 428 BGB. Die Eheleute schließen jedoch einen Versorgungsausgleich der Ehefrau angesichts dieser Veräußerungsrente aus.

Das Beispiel zeigt, daß auch Vermögensdispositionen während der Ehe ohne aktuellen Scheidungsbezug Auswirkungen auf die Versorgungsausgleichsentscheidung haben können. Im Beispiel wäre eine möglicherweise nicht ausgleichspflichtige Vermögensposition in eheliches Versorgungsvermögen umgewandelt worden. Eine Modifizierung des Versorgungsausgleichs kann nicht an Überlegungen zur Zulässigkeit solcher Vereinbarungen im Scheidungsfalle gemessen werden.

Beispiel:

(OLG Köln, DNotZ 1981, 444)

Die Ehe der Parteien wurde 1959 geschlossen. Aus ihr gingen zwei Kinder hervor. Mittlerweile ist die Ehefrau wieder berufstätig. 1977 wird „mit Rücksicht darauf, daß in der Ehe Schwierigkeiten" aufgetreten sind, eine Vereinbarung geschlossen, worin auf Zugewinn, Unterhalt und Versorgungsausgleich „entschädigungslos" verzichtet wird. U. a. wurde während der Ehe ein Hausgrundstück des Ehemannes bebaut. Nach Ablauf des Sperrjahres wird alsbald die Scheidung beantragt.

In solchen Fällen ist die Zulässigkeit der Vereinbarung aufgrund der objektiven Fakten schon sehr zweifelhaft. Infolge der erheblichen Verzichtswerte und der langen Ehedauer wurde vom OLG Köln Sittenwidrigkeit angenommen (vgl. auch OLG Karlsruhe, FamRZ 1991, 332; abl. von Hornhardt, DNotZ 1981, S. 548). Die nachfolgend gestellte Frage, ob ein entschädigungsloser Verzicht zulässig ist, richtet sich also nach der Ausgangssituation im Einzelfall. Nur unter diesem Vorbehalt können nachstehend typische Fälle behandelt werden, wobei – wie das Beispiel des OLG Köln zeigt – Vereinbarungen nach § 1408 BGB im Hinblick auf § 138 BGB besonders in kriselnder Ehe überprüft werden müssen.

3.2 Vollständiger Ausschluß

Der vollständige Ausschluß des Versorgungsausgleichs dürfte zumindest bei vorsorgenden Vereinbarungen den Regelfall bilden. Er ist gemäß § 1408 Abs. 2 BGB zulässig. Seine Zulässigkeit insbesondere im späteren Ehe- und Vorfeld des Scheidungsstadiums hängt davon ab, welche Vermögenswerte aufgegeben bzw. gegenübergestellt werden. Problematisch ist dann der sog. **entschädigungslose Verzicht.**

Beispiel:

(BGH, DNotZ 1982, 569)

In einer Vereinbarung nach § 1587 o BGB wurde der Versorgungsausgleich ausgeschlossen. Der Ehemann hatte Anwartschaften in Höhe von 814,20 DM, die Ehefrau von 282,60 DM.

Die Ehefrau berief sich darauf, daß sie demnächst wieder heiraten und eine Absicherung durch Lebensversicherungen versprochen bekommen habe.

Im Verhältnis der Beteiligten untereinander ist dieser vollständige Verzicht „entschädigungslos". Die Zulässigkeit eines solchen Auschlusses ohne Gegenleistung kann nur im Einzelfall geprüft werden. Im Beispiel hat der BGH sogar gemäß § 1587 o BGB die Angemessenheit bejaht, weil von dritter Seite eine Versorgung versprochen gewesen sei, obwohl erhebliche Versorgungswerte im Raum standen. Daraus folgt, daß ein Ausschluß ohne Gegenleistung im normalen Ehestadium und selbst im Vorfeld eines Scheidungsverfahrens bei auch nur wahrscheinlicher anderweitiger Absicherung als zulässig erachtet werden muß.

Solche anderweitige Absicherung kann darstellen:

– eigenes wesentliches Vermögen,

– eine eigene – nach weiterem Ausbau – vollwertige Versorgung,

– sonstige Ansprüche gegen Dritte, ausgenommen Unterhaltsansprüche.

Zu bedenken ist ferner, daß bei vollständigem Ausschluß nur des Versorgungsausgleichs die gesetzliche Unterhaltsverpflichtung des anderen Ehegatten auch im Altersfall erhalten bleibt. Die grundsätzliche Eignung von Unterhaltsleistungen als Versorgungsersatz wird selbst bei Prüfung nach § 1587 o BGB überwiegend anerkannt (siehe hierzu sogleich IV.). Soll eine Vereinbarung aber auf diesen Aspekt hin gerechtfertigt werden, empfiehlt sich die Absicherung der Unterhaltsleistung im Altersfall durch Einräumung eines entsprechenden Rentenversprechens (Göppinger/Wenz/Märkle, Vereinbarungen anläßlich der Ehescheidung, 6. Aufl. München 1988, Rdn. 437 a), um Unwägbarkeiten aus dem Gesichtspunkt der Leistungsfähigkeit und Bedürftigkeit zu verringern.

Bei Genehmigungsverfahren nach § 1587 o BGB wird überwiegend ein Ausgleichsverzicht anerkannt, wenn Ehegatten in etwa eine **gleiche soziale Biographie** (volle Berufstätigkeit, vollwertige Versorgungsanwartschaften) haben, so daß das sozialpolitische Bedürfnis für die Ausgleichsdurchführung entfällt (Münch/

B. Vereinbarungen über den Versorgungsausgleich

Komm/Strobel, = 1587 o Rdn. 37, Becker, Versorungsausgleichs-Verträge, Königstein/Ts. 1983, Rdn. 418 ff. m. w. Nachw.). Erst recht muß dann eine Vereinbarung unbedenklich sein, die nach § 1408 BGB getroffen wird und auf die Unwägbarkeiten des künftigen biographischen Verlaufs durch entsprechende Einschränkung Rücksicht nimmt. Bei Ehen, in denen nicht von vornherein unabhängig vom künftigen Verlauf die eigenständige Vermögens- und Versorgungssicherung im Alter feststeht, sollte grundsätzlich über einen beschränkten Verzicht nachgedacht werden.

Beispiel:
Eheleute A und B sind beide berufstätig. Sie wollen den Versorgungsausgleich ausschließen, weil sie eine sog. partnerschaftliche Ehe weiterzuführen gedenken. Sie sind im Alter auf die noch anwachsende Versorgung wahrscheinlich angewiesen.

Es empfiehlt sich, die möglichen Fälle der Unterbrechung des Ausbaus der Versorgung, insbesondere Zeiten der Erwerbslosigkeit, zu definieren und zum Wegfall des Ausgleichsausschlusses führen zu lassen.

Formulierung:

„Der Versorgungsausgleich wird ausgeschlossen. Der Ausschluß wird jedoch rückwirkend wieder wirksam, wenn

– aus der Ehe Kinder hervorgehen und die Ehefrau deshalb ihre Berufstätigkeit – auch nur vorübergehend – aufgibt,

– einer der Beteiligten eine Erwerbstätigkeit – gleich aus welchem Grunde – mindestens ein Jahr nicht mehr ausgeübt hat,

– einer der Beteiligten erwerbsunfähig wird, mit dem Zeitpunkt der amtlichen Feststellung der Erwerbsunfähigkeit,

– einer der Beteiligten/die Ehefrau ihre berufliche Tätigkeit auf weniger als 50% der durchschnittlichen wöchentlichen Arbeitszeit der betreffenden Branche reduziert, mit dem Zeitpunkt eines Jahres ab Ablauf des Eintritts des betreffenden Ereignisses."

Nachteil derartiger Vereinbarungen ist, daß nicht immer die genaue Definition der auflösenden Bedingung möglich ist. Auch widerspricht die Bedingungsautomatik vielfach dem Charakter der Vereinbarung, die auf die Entschließungsfreiheit der Eheleute regelmäßig besondere Rücksicht nehmen sollte. In den vorstehenden Fällen dürfte es daher auch aus Gründen der Rechtsklarheit stets sinnvoller sein, keine Bedingungsautomatik vorzusehen, sondern ein Rücktrittsrecht zu vereinbaren. Das hat den weiteren Vorteil, daß bei Zweifeln über den Eintritt des Rücktrittsfalles nicht erst im vielleicht Jahre später liegenden Scheidungsfalle, sondern im unmittelbaren zeitlichen Zusammenhang eine – notfalls gerichtliche – Klärung herbeigeführt werden kann.

Formulierung:

„Für den Fall, daß . . . (siehe oben) behält sich die Ehefrau den Rücktritt von vorstehender Vereinbarung vor. Im Falle des Rücktritts entfällt der Versorgungsausgleichsausschluß rückwirkend. Der Rücktritt ist binnen 6 Monaten ab Eintritt des zum Rücktritt berechtigenden Ereignisses möglich. Es ist notariell zu beurkunden. Für die Fristwahrung genügt die Aufnahme der notariellen Niederschrift über den Rücktritt. Der Rücktritt wird wirksam mit Zustellung einer Ausfertigung an den anderen Ehegatten."

Möglich ist ferner der Ausschluß des Versorgungsausgleichs für den Fall, daß die **Ehe eine bestimmte Dauer nicht überschreitet** (Soergel/Gaul § 1408 Rdn. 29; a. A. LG Kassel, MittBayNot 1979, 26).

Formulierung:

„Die Beteiligten schließen den Versorgungsausgleich für den Fall aus, daß innerhalb 5 Jahren ab Eheschließung/dem heutigen Tage Antrag auf Scheidung der Ehe – gleich auf welcher rechtlichen Grundlage – gestellt wird. Maßgeblich für die Fristwahrung ist der Eingang der Antragsschrift bei Gericht".

Schließlich ist allgemein denkbar, daß der Vesorgungsausgleich **lediglich für bestimmte Zeiträume**, also temporär mit der Möglichkeit des Wiederauflebens nach Ablauf des Zeitraumes ausgeschlossen wird.

Formulierung:

„Die Beteiligten schließen den Versorgungsausgleich für den Zeitraum aus, für den sie in Zukunft einen gemeinsamen Hausstand nicht unterhalten.

Oder retrospektiv:

Die Beteiligten vereinbaren, daß ein Versorgungsausgleich nur in Ansehung der Versorgungsanwartschaften stattfinden soll, die seit dem . . ./heutigen Tage erworben wurden."

Sämtliche vorstehenden Vereinbarungsmöglichkeiten liegen aber bereits im Grenzbereich zur Modifikation des gesetzlichen Versorgungsausgleichs. Alternativ muß insbesondere bei Vereinbarungen, die einen bedingten Ausschluß vorsehen, stets überlegt werden, ob den Beteiligten nicht eine Regelung vorschwebt, die lediglich eine dem Zweck des Versorgungsausgleichs nach ihrer Auffassung widersprechende Einbeziehung von Versorgungsteilen vermeiden soll. Dann können sachgerechte Ergebnisse möglicherweise eher über eine **abweichende Definition** der für die Versorgungsberechnung zugrundezulegenden **Ehezeit** erreicht werden. Diese Modifizierung ist auch am ehesten berechungsverfahrensneutral.

Beispiel:

Die Beteiligten gehen vom Leitbild einer „partnerschaftlichen" Ehe aus, in der jeder Partner durch eigene Berufstätigkeit Altersversorgung aufbaut. In diesem Prozeß unterschiedlich anwachsende Versorgungen sollen nicht zum Anlaß für einen

Ausgleich genommen werden. Alle Risiken durch mögliche Unterbrechungen dieses Erwerbsprozesses sollen jedoch ausgeschlossen sein.

Formulierung:

„Die Beteiligten vereinbaren, daß für ihre Ehe der Versorgungsausgleich nur für die Zeiten durchgeführt werden soll, in denen ein Ehegatte weder eine sozialversicherungspflichtig Beschäftigung ausgeübt noch Berufs- oder Erwerbsunfähigkeitsrente erhalten hat. Nur diese Zeiten gelten als Ehezeit im Sinne des § 1587 Abs. 2 BGB."

3.3 Modifizierungen

Die nachfolgend dargestellten Möglichkeiten einer Modifizierung gelten grundsätzlich für Vereinbarungen nach § 1408 und § 1587 o BGB. Auch das Verbot des Supersplitting gemäß § 1587 o Abs. 1 S. 2 BGB gilt uneingeschränkt auch im Bereich des § 1408 BGB (Langenfeld FamRZ 1994, 201, 203 m. w. Nachw.; siehe hierzu unten 3.3.2.3)

3.3.1. Herausnahme einzelner Versorgungen

Beispiel:
A hat ein elterliches Haus in die Ehe eingebracht, das er auf Rentenbasis veräußert. Die Veräußerungsrente soll auch im Scheidungsfall dem A allein verbleiben.

Nach § 1587 Abs. 1 BGB unterliegt die Veräußerungsrente dem Versorgungsausgleich, weil sie in der Ehezeit begründet wurde, wenn auch aus ererbtem Vermögen (Soergel/Vorwerk, § 1587 Rdn. 17). Ein entsprechender Ausschluß ist also zulässig und geboten. Zu beachten ist allerdings, daß eine Herausnahme einer einzelnen Versorgung im Scheidungsfall zu einer Veränderung des Ausgleichssaldos führen kann. Wäre A ausgleichsberechtigt, weil z. B. nur seine Ehefrau B Rentenanwartschaften im Sinne des § 1587 a BGB begründet hat, würde die Herausnahme den Ausgleichssaldo zugunsten des A erhöhen. Insoweit besteht die Gefahr des Super-Splittings (siehe unter 5.). Unter Berücksichtigung dieser Unwirksamkeitsgefahr könnte wie folgt formuliert werden:

Formulierung:

„Die Beteiligten vereinbaren, daß der Versorgungsausgleich nach §§ 1587 ff. BGB für ihre Ehe durchgeführt wird, daß jedoch die dem Ehemann aus dem Verkauf des Hausgrundbesitzes . . . zufließende Rente bei einem künftigen Ausgleich unberücksichtigt bleibt. Würde durch die Nichtberücksichtigung dieser Rentenleistung die gesetzliche Ausgleichspflicht der Ehefrau unter Verstoß gegen § 1587 o Abs. 1 Satz 2 BGB erhöht, so vereinbaren die Beteiligten, daß in Höhe des Erhöhungsbetrages der schuldrechtliche Versorgungsausgleich stattfindet/nach Kapitalisierung eine Abfindung zu zahlen ist usw."

Weitere Gründe für die Herausnahme einer einzelnen Versorgung können insbesondere Unwägbarkeiten bezüglich der künftigen Realisierung der Ansprüche sein. So wird beispielsweise unverfallbare betriebliche Altersversorgung als ausgleichspflichtig erachtet. Wenn sie auch nur nach § 2 VAHRG schuldrechtlich auszugleichen ist, wird sie doch in den Ausgleichssaldo, also die Berechnung des Überschusses, der insgesamt ausgeglichen wird, einbezogen. Dies kann je nach Charakter der Zusage und Bonität des Arbeitgebers unerwünscht sein.

Ebenso kann sich ein Regelungsbedarf etwa bei Lebensversicherungen ergeben. Diese fallen, wenn ein Rentenstammrecht begründet wird, in den Versorgungsausgleich, Kapitalversorgung hingegen nicht (BGH, FamRZ 1983, 156). Wurde in einer Kapitalversicherung ein Rentenwahlrecht ausgeübt, handelt es sich um eine ausgleichspflichtige Rentenversicherung. Haben also Ehegatten ihre Versorgung auf Lebensversicherungsbasis aufgebaut, kann die unterschiedliche Gestaltung bezüglich der Bezugsform zu im Sinne des Versorgungsausgleichs willkürlichen Ergebnissen führen mit der Folge, daß z. B. eine Rentenversicherung ausgeklammert werden sollte.

3.3.2 Änderungen im Berechnungsverfahren

3.3.2.1 Abänderung des Ausgleichszeitraums

Die Abänderung der Ehezeit wurde bereits vorstehend in Bezug auf die Ausklammerung von Zeiten der Berufstätigkeit beider Ehegatten behandelt. Weitere Überlegungen zu einer Änderung des Ausgleichszeitraumes müssen insbesondere angestellt werden:

– für die Einbeziehung von Anwartschaften aus Altehen (vgl. AG Charlottenburg, FamRZ 1983, 76):

Formulierung:

„Wir schließen den Versorgungsausgleich mit der Maßgabe aus, daß Ehezeit im Sinne des § 1587 Abs. 2 BGB lediglich die Zeit ab dem 1. Juli 1977 sein soll.

Zeitlich begrenzt werden kann der Versorgungsausgleich auch in die Zukunft, insbesondere im Hinblick auf Fälle des Getrenntlebens.

Formulierung:

„Wir schließen den Versorgungsausgleich für unsere Ehe ab dem Zeitpunkt aus, ab dem ein Getrenntleben im Sinne der §§ 1565, 1566 BGB vorliegt und für eine Scheidung unserer Ehe zugrundegelegt wird."

Allgemein kann ferner über Kindererziehungs- und Berufsunfähigkeitszeiten hinaus sonstiger Anlaß zum temporären Ausschluß des Versorgungsausgleichs bestehen.

Formulierung:

„Ein etwaiger Anspruch auf Versorgungsausgleich der Ehefrau wird hiermit für die Zeit ausgeschlossen, während der diese im Betrieb ihres Ehemannes als . . . mit einem üblichen Gehalt beschäftigt wird. Die Zeit dieser Beschäftigung gilt nicht als Ehezeit im Sinne des § 1587 Abs. 2 BGB."

3.3.2.2 Abänderung der Ausgleichsquote

Beispiel:
A ist Beamter des höheren Dienstes und mit der B seit Beginn seiner Dienstzeit verheiratet. Die B hatte währenddessen kein eigenes Einkommen. Kurz vor der Pensionierung droht eine Ehescheidung.

Die Anwartschaften des A würden in einem solchen Falle durch Versorgungsausgleich auf etwa die Hälfte reduziert mit der Folge, daß sein eigener und möglicherweise der Unterhalt unterhaltsberechtigter Abkömmlinge gefährdet ist. Einen gewissen Schutz bietet § 5 VAHRG, wonach der Ausgleichspflichtige eine ungekürzte Versorgung erhält, wenn er dem noch nicht rentenberechtigten Ausgleichspflichtigen zusätzlich Unterhalt zu gewähren hat. Dieser Schutz versagt jedoch, wenn z. B. der lebensaltersmäßig erheblich jüngere Ausgleichsberechtigte berufstätig und nicht unterhaltsberechtigt ist oder wenn auf Unterhalt verzichtet wurde. Der Gefahr kann folgendermaßen vorgebeugt werden:

– man verringert die Ausgleichsquote (vgl. BGH FamRZ 1986, 890), etwa wie folgt:

Formulierung:

„Die Beteiligten vereinbaren, daß im Falle eines Versorgungsausgleichs, bei dem der A ausgleichspflichtig ist, dessen Versorgungsüberschuß – soweit er auf Versorgungsanrechten gegenüber dem Land Nordrhein-Westfalen beruht – nur zu 30 % ausgeglichen wird."

Vorteil einer solchen Regelung aus der Sicht des Ausgleichsberechtigten ist die Begründung eines eigenen Rentenstammrechts. Der Ausgleichspflichtige ist zusätzlich unterhaltspflichtig, für den Unterhaltsfall aber zusätzlich durch § 5 VAHRG geschützt. Nicht möglich ist damit aber die Vermeidung der Kürzung der Versorgung des Ausgleichspflichtigen bei fehlender Unterhaltsverpflichtung.

– man vereinbart den schuldrechtlichen Versorgungsausgleich, diesen jedoch zeitlich und/oder umfangsmäßig beschränkt (im einzelnen hierzu sogleich unten).

Möglich ist auch eine mittelbare Beschränkung der Ausgleichsquote durch Begrenzung des Umfangs des Versorgungsausgleichs, was dann in Betracht kommt, wenn einem der Ehegatten eine seinem bisherigen Werdegang adäquate Versorgungsanwartschaft erhalten werden soll.

Formulierung:

„Die Beteiligten vereinbaren, daß bei Scheidung der Versorgungsausgleich nach § 1587 b BGB nur insoweit stattfinden soll, als er erforderlich ist, um für den Ausgleichsberechtigten Entgeltpunkte zu begründen, die für seinen bisherigen Versicherungsverlauf durchgängig 1,2 Entgeltpunkte je Versicherungsjahr ergeben."

Eine solche Klausel muß ggf. weiter modifiziert oder beschränkt werden, wenn Quelle einer Übertragung mehrere Anrechte sein können, etwa Anwartschaften in der gesetzlichen Rentenversicherung sowie aus der Zusatzversorgung des öffentlichen Dienstes (Quasi-Splitting nach § 1 Abs. 3 VAHRG). Anderenfalls entstünde die Unklarheit, zugunsten welcher Ausgleichsposition eine solche Beschränkung des Ausgleichs eingreift.

Zusatz:

„Vorstehende Ausgleichsgrenze gilt nur für Anwartschaften, die dem Ausgleichspflichtigen in der gesetzlichen Rentenversicherung erwachsen sind und den gesetzlichen Rentenanpassungen unterliegen."

3.3.2.3 Änderung der Einzelberechnung nach § 1587a BGB, Supersplittingklausel

Bei Eingriffen in die Einzelberechnung von Versorgungsanwartschaften ist stets auf das Verbot des Supersplitting gemäß § 1587o Abs. 1 Satz 2 BGB zu achten (hierzu inhaltlich näher unter 5.). Zur Vermeidung der Unwirksamkeitsgefahr empfiehlt es sich bei Vereinbarungen während der Ehe bzw. im Vorfeld des Scheidungsverfahrens, folgende salvatorische Klausel aufzunehmen:

Formulierung:

„Vorstehende Vereinbarung greift nur ein, wenn und soweit durch sie nicht über das gesetzlich zulässige Maß hinaus mehr Anwartschaftsrechte in einer gesetzlichen Rentenversicherung nach § 1587b Abs. 1 oder 2 BGB begründet oder übertragen werden."

Damit ist der Bestand der Vereinbarungen im übrigen für den Unwirksamkeitsfall gesichert. Es erscheint nicht angemessen, zu diesem Zweck für den Fall des Supersplitting die Versorgungsausgleichsvereinbarung insgesamt vertraglich für unwirksam zu erklären, (so aber Langenfeld FamRZ 1994, 203). Zu erwägen ist je nach Fallage auch, die salvatorische Klausel mit einer schuldrechtlichen Verpflichtung zu versehen, im Falle der Unwirksamkeit den Ausgleichsberechtigten durch andere geeignete Mittel, etwa Lebensversicherungsanwartschaften so zu stellen, als wäre die Vereinbarung durchgeführt worden (OLG Stuttgart FamRZ 1986, 1007).

B. Vereinbarungen über den Versorgungsausgleich

Abänderungen im Bewertungsbereich können auch ohne konkrete Berechnung im Scheidungsverfahren bereits angezeigt sein:

Beispiel:
A wechselt den Arbeitgeber. In seinem neuen Anstellungsvertrag erhält er eine Ruhegehaltszusage, nach der die bei der künftigen Berechnung seines Ruhegehalts zugrundezulegende Betriebszugehörigkeit um seine gesamte Vordienstzeit beim früheren Arbeitgeber erweitert wird.

Durch eine solche Berücksichtigung von Vordienstzeiten können sich Ruhegehaltsansprüche – insbesondere auf Führungsebene – vervielfachen, und den Rahmen einer nach den Vorstellungen der Eheleute ausgleichspflichtigen Versorgung sprengen. Möglich ist eine Vereinbarung etwa folgenden Inhalts:

Formulierung:

„Die Beteiligten vereinbaren, daß der Versorgungsausgleich bezüglich der Ruhegehaltszusage der x-AG zugunsten des A nur insoweit stattfindet, als der Berechnung Zeiten der Betriebszugehörigkeit bei der x-AG zugrundegelegt werden. Die Anrechnung früherer Dienstzeiten bleibt im Falle des Versorgungsausgleichs sowohl für die Berechnung der Versorgungshöhe als auch die Bestimmung der Zeiten der Betriebszugehörigkeit unberücksichtigt."

Denkbar sind auch Vereinbarungen zur Bewertung der Dynamik einer Versorgung, die von der Rechtsprechung teilweise unterschiedlich beurteilt wird.

Beispiel:
A ist Mitglied der Ärzteversorgung Niedersachsen, die nach der Rechtsprechung volldynamisch ist und nicht nach § 1587 a Abs. 3 BGB abgewertet werden muß (vgl. OLG Celle, FamRZ 1983, 933). Die B ist Mitglied der Zahnärzteversorgung Niedersachsen, die im Hinblick auf das Finanzierungsverfahren lediglich teildynamisch ist (BGH FamRZ 1989, 155; OLG Celle FamRZ 1986, 913) und mithin nach § 1587 a Abs. 3 BGB, § 2

B. Vereinbarungen über den Versorgungsausgleich

BarWertVO abzuwerten ist. Die Leistungsverläufe der Versicherungen in der Vergangenheit sind jedoch ähnlich, so daß die Beteiligten diese Differenzierung nicht wünschen, weshalb wie folgt formuliert werden könnte:

Formulierung:

„Die Beteiligten vereinbaren bezüglich der Durchführung eines künftigen Versorgungsausgleichs, daß die Anwartschaften der B bei der Zahnärzteversorgung Niedersachsen als dynamisch betrachtet werden sollen und mithin nominal in die Ausgleichsberechnung einzustellen sind."

Schließlich könnte sogar daran gedacht werden, eine eigene Einschätzung des Wertes der Versorgungsanwartschaften vorzunehmen. So ist z. B. vielfach von den Beteiligten die Einschätzung, eine unverfallbare betriebliche Altersversorgung sei so gesichert, daß sie in die Ausgleichsberechnung des Wertausgleichs Eingang findet, nicht nachvollziehbar.

Formulierung:

„Die Beteiligten vereinbaren, daß bei Durchführung eines Versorgungsausgleichs die Versorgungsanrechte des A bei der x-AG lediglich als verfallbare Anwartschaften im Sinne des § 1587a Abs. 2 Ziffer 3 Satz 3 BGB gelten, also nicht bei Berechnung des Versorgungsausgleichs im Scheidungsfalle berücksichtigt werden und lediglich künftig schuldrechtlich ausgeglichen werden sollen.

Oder:

Die Beteiligten vereinbaren, daß die Versorgungsanrechte des A bei er x-AG lediglich als statische Versorgung im Sinne des § 1587a Abs. 3 BGB in die Ausgleichsberechnung eingehen und als solche nach der BarWertVO abzuwerten sind."

Auf diese Weise ist es möglich, den Rechtsgedanken des § 2313 BGB, der von der Rechtsprechung nicht auf den Zugewinnausgleich (mit Versorgungsausgleich) angewendet wird, vgl. BGH, FamRZ 1983, 882, im Vereinbarungswege in die Berechnung einzuführen.

3.3.3 Vereinbarung einer anderen Ausgleichsform

Die nachfolgenden Überlegungen dienen zunächst dazu, den möglichen Regelungsrahmen durch Austausch von Versorgungen abzustecken. Hinzukommen muß bei Scheidungsvereinbarungen die Prüfung der Gesichertheit und Angemessenheit der alternativen Regelung gemäß § 1587o Abs. 2 Satz 4 BGB, die später behandelt wird.

3.3.3.1 Versorgungsausgleich durch Beitragsentrichtung

Die Verfassungswidrigkeit des Versorgungsausgleichs gemäß § 1587b Abs. 3 BGB a. F. hindert nicht daran, diese Ausgleichsform vertraglich zu vereinbaren (BT-Drucks, 9/2296 Seite 9; Bergner, DRV 1983, 29, 213; Borth, Versorgungsausgleich in anwaltschaftlicher und familiengerichtlicher Praxis, Frankfurt 1983, Seite 238 ff.). Der Einschätzung, eine solche Ausgleichsform zu vereinbaren, sei wegen der hohen Belastung regelmäßig nicht sinnvoll (so Borth, aaO), kann nicht gefolgt werden, weil es u. U. sinnvoller erscheint, eine Vermögensaufwendung im Zusammenhang mit der Scheidung sofort in die Auseinandersetzung einzustellen als die Kürzung der Versorgungsanwartschaften für den Altersfall und damit die Verlagerung des Versorgungslückenproblems in Kauf zu nehmen. Durch § 3b Abs. 1 Nr. 2 VAHRG hat die Ausgleichsform im Gegenteil neue Anerkennung erfahren. Gleichwohl ist eine Einzahlung in die gesetzliche Rentenversicherung nur dann sinnvoll, wenn sie gerade bei der Versorgungssituation des Ausgleichsberechtigten zu einer wesentlichen Verbesserung der Anwartschaft beizutragen geeignet ist. Im Regelfall gibt es – und dies gilt insbesondere für vorsorgende Vereinbarungen außerhalb des Scheidungsverfahrens – wirtschaftlich effektivere Ausgleichsmittel. Die Einzahlung ist auch nur möglich, wenn nach allgemeinem Rentenrecht eine gesetzliche Grundlage für die Entrichtung freiwilliger Beiträge besteht, zum Beispiel als freiwillige Versicherung nach § 7 SGB VI oder Antragspflichtversicherung nach § 4 SGB VI (RGRK-Wick § 1587 l Rdn. 13).

Zweifelhaft ist die Zulässigkeit der Vereinbarung von Beitragsentrichtungen über den Umfang der sonst bei dem Ausgleichspflichtigen abzusplittenden Rentenanwartschaften hinaus (verneinend Zimmermann/Becker, FamRZ 1983, 1, 3 a. A. Langenfeld, Handbuch, Rdn. 646). Zu beachten ist, daß Wartezeiten in der gesetzlichen Rentenversicherung durch Beitragsentrichtung nur in dem Umfang entstehen, wie Ehezeitanwartschaften übertragen werden, also z. B. die kleine Wartezeit von 60 Versicherungsmonaten bei einer kürzeren Ehedauer nicht durch Übertragung erfüllt werden kann. Wegen der Unwägbarkeit der Auswirkung einer Beitragsentrichtung in ferner Zukunft scheidet die Vereinbarung einer solchen außerhalb eines Zusammenhangs mit einem Scheidungsverfahren regelmäßig aus, es sei denn, diese Ausgleichsform wird nur fakultativ eröffnet:

Formulierung:

„Die Beteiligten vereinbaren, daß der Versorgungsausgleich nicht durch Übertragung oder Begründung von Rentenanwartschaften gemäß § 1587 b Abs. 1, 2 BGB durchgeführt werden soll, sondern durch Entrichtung von Beiträgen in die gesetzliche Rentenversicherung entsprechend § 1587 b Abs. 3 BGB i. d. F. des Gesetzes vom 14.6.1976 (BGBl I, 1421). Der Erschienene zu 1. hat als Beiträge zur Begründung von Anwartschaften in der gesetzlichen Rentenversicherung in Höhe von . . . DM monatlich bezogen auf den . . . (Ende der Ehezeit) zugunsten der Erschienenen zu 2. auf das Versicherungskonto-Nr. . . . bei . . . (zuständiger Versorgungsträger) den Betrag von . . . DM zu zahlen."

Oder bei vorsorgender Vereinbarung:

„Die Beteiligten vereinbaren, daß der Versorgungsausgleich nach Wahl des Ausgleichsberechtigten entweder durch Beitragsentrichtung in die gesetzliche Rentenversicherung entsprechend der ursprünglich geltenden Regelung des

§ 1587b Abs. 3 BGB i. d. F. des Gesetzes vom 14. 6. 1976 (BGBl I, 1421) – sofern zum Zeitpunkt der beabsichtigten Beitragsentrichtung eine gesetzliche Möglichkeit zur Entrichtung freiwilliger Beiträge in die gesetzliche Rentenversicherung für den Ausgleichsberechtigten besteht – oder durch Begründung eines Lebensversicherungsvertrages (wird weiter ausgeführt) durchgeführt wird."

Bei Regelungen im Scheidungszusammenhang war bisher auf die Möglichkeit der **Bereiterklärung** gemäß § 1304b Abs. 1 Satz 3 RVO Rücksicht zu nehmen, die bewirkte, daß bei unverzüglicher Entrichtung der Beiträge nach Bereiterklärung die Berechnungsgrundlagen des Jahres der Bereiterklärung für die Berechnung der einzuzahlenden Beiträge zugrundegelegt werden. Stattdessen enthält § 187 Abs. 5. SGB VI nunmehr die allgemeine Regel, daß Beiträge bereits zum Ende der Ehezeit als gezahlt gelten, wenn sie bis zum Ende des dritten Monats seit Zugang der Mitteilung des Familiengerichts über die Rechtskraft der Entscheidung über den Versorgungsausgleich gezahlt werden. An die Stelle dieses Zeitpunktes dürfte bei einer Vereinbarung ohne familiengerichtliche Entscheidung die Mitteilung der Rechtskraft des Scheidungsurteils treten. Dadurch ergibt sich regelmäßig eine niedrigere Finanzierungslast, was folgende Zusatzvereinbarung naheliegt:

Zusatz:

„Der Ehemann verpflichtet sich zur Entrichtung der erforderlichen Beiträge binnen 3 Monaten ab Zugang der Mitteilung über die Rechtskraft des Scheidungsurteils."

3.3.3.2 Vereinbarung der Realteilung gemäß § 1 Abs. 2 VAHRG

Gemäß § 1 Abs. 2 VAHRG findet bei Versorgungsanrechten, die nicht in der gesetzlichen Rentenversicherung oder der Beamtenversorgung begründet sind, Realteilung statt, sofern die für die Versorgung maßgebende Regelung dies vorsieht. Ist dies der

Fall, bedarf es keiner besonderen Vereinbarung, sondern das Gericht ordnet die Realteilung von Amts wegen an. Denkbar ist aber auch, daß die Versorgungsordnung den Beteiligten die Wahl läßt, eine Realteilung den individuellen Bedürfnissen entsprechend zu bestimmen.

Beispiel:

Eine Versorgungsordnung eines berufsständigen Versorgungswerks sieht vor, daß der Versorgungsausgleich nach Wahl des Mitglieds entweder durch unmittelbare Begründung von Anwartschaften beim Versorgungswerk oder durch Realteilung über ein Lebensversicherungsunternehmen, also Abschluß eines entsprechenden Lebensversicherungsvertrages für den Ausgleichsberechtigten durchgeführt wird.

Realteilung über ein Lebensversicherungsunternehmen wird z. B. bei den Notarversorgungen praktiziert. Es bedarf hierzu eines Rahmenabkommens mit dem Lebensversicherer, der insbesondere die Aufnahme eines jeden Ausgleichsberechtigten grundsätzlich sicherstellen muß. Das Berufsunfähigkeitsrisiko muß aber nicht übernommen werden. Daraus ergibt sich u. U. Regelungsbedarf:

Formulierung:

„Der Versorgungsausgleich zwischen den Erschienenen wird nach Maßgabe der . . . (Versorgungssatzung) durch Begründung einer Lebensversicherungsanwartschaft bei der . . . in Höhe von . . . DM durchgeführt. Zur zusätzlichen Absicherung des dort nicht versicherten Berufsunfähigkeitsrisikos verpflichtet sich der Erschienene zu 1. für den Fall der Berufsunfähigkeit der Erschienenen zu 2. zur Zahlung einer monatlichen Rente in Höhe von . . . DM beginnend mit dem 1. des auf die Feststellung der Berufsunfähigkeit folgenden Monats, endend mit dem letzten des Monats, in dem die Berufsunfähigkeit wegfällt, spätestens mit Vollendung des 65. Lebensjahres."

Bei Realteilung nach § 1 Abs. 2 VAHRG handelt es sich immer um eine gleichwertige Ausgleichsform, die Angemessenheitsprüfung nach § 1587 o Abs. 2 Satz 4 BGB entfällt. Dies rechtfertigt sich aus der Tatsache, daß eine Realteilungsregelung bei

Versorgungswerken in der Satzung und bei Lebensversicherungsunternehmen im Geschäftsplan der Genehmigung durch die jeweilige Aufsichtsbehörde bedarf (BT-Drucks. 9/2296 Seite 11). Anders ist die Lage bei Abfindung des gesetzlichen Versorgungsausgleichs durch eine Lebensversicherung ohne entsprechende Satzungsgrundlage, bei der sich die Frage der Angemessenheitsprüfung stellt (siehe hierzu unten 4.).

3.3.3.3 Vereinbarung des schuldrechtlichen Versorgungsausgleichs

Die Vereinbarung des schuldrechtlichen Versorgungsausgleichs nach § 1587 o BGB ist gesetzlich zugelassen, vgl. § 1587 f Nr. 5 BGB. Die Zulässigkeit der Vereinbarung des schuldrechtlichen Versorgungsausgleichs in einem Ehevertrag nach § 1408 BGB war lange umstritten. Grund hierfür war, daß die gesetzliche Ausgestaltung des schuldrechtlichen Versorgungsausgleichs durch Vereinbarung nicht herbeigeführt werden konnte, soweit es etwa die Herbeiführung der Rechtsfolge des § 1587 i BGB anbetrifft, nach dem ein Versorgungsträger eine Abtretung des Anspruchs an den Berechtigten ungeachtet eines gesetzlichen Ausschlusses der Übertragbarkeit und Pfändbarkeit gegen sich gelten lassen mußte (vgl. Zimmermann/Becker, FamRZ 1983, 1, 10). Entsprechend der Anlage des Gesetzes als durchgängige Regelung von Scheidungsfolgen, zu der nach § 1587 o BGB lediglich die Genehmigungspflicht bei aktuellem Scheidungszusammenhang hinzutritt, kann wohl dementgegen von einer Zulässigkeit der Vereinbarung des schuldrechtlichen Ausgleichs entsprechend § 1587 f Nr. 5 BGB auch bei Vereinbarungen gemäß § 1408 Abs. 2 BGB ausgegangen werden. Eine vorsorgende Formulierung könnte wie folgt lauten:

Formulierung:

„Die Beteiligten vereinbaren, daß anstelle des Versorgungsausgleichs nach §§ 1587 b BGB, 1 VAHRG im Versorgungsfall Zahlungen des Ausgleichspflichtigen entsprechend den Regelungen über den schuldrechtlichen Versorgungsausgleich (§§ 1587 g ff. BGB) zu leisten sind. Eine Abtretung

B. Vereinbarungen über den Versorgungsausgleich

von Ansprüchen gemäß § 1587i BGB soll nicht stattfinden."

Für den schuldrechtlichen Versorgungsausgleich gilt der Grundsatz, daß eine gesetzliche Ausgleichsform ohne Angemessenheitsprüfung vereinbarungsfähig ist, nicht uneingeschränkt. Nach überkommener herrschender Lehre ist sogar davon auszugehen, daß der schuldrechtliche Versorgungsausgleich nur unter besonderen Bedingungen zur Abgeltung von Ansprüchen auf Wertausgleich zugelassen werden kann (vgl. OLG Karlsruhe, FamRZ 1982, 503; OLG Düsseldorf, FamRZ 1982, 718; Soergel/Vorwerk, § 1587o Rdn. 8 m. w. N.). Teilweise wird die Auffassung vertreten, eine solche Vereinbarung komme nur in Bereichen in Betracht, in denen es nicht um eine Grundversorgung, sondern um eine Zusatzversorgung gehe (vgl. Borth, aaO, Seite 245). Dem kann im Hinblick auf die Tatsache, daß das Härteregelungsgesetz für alle Versorgungen außerhalb der gesetzlichen Rentenversicherung, der Beamtenversorgung und der berufsständischen Versorgung den schuldrechtlichen Versorgungsausgleich als Regelform vorsieht, nicht uneingeschränkt gefolgt werden. Teilweise gebietet sich die Vereinbarung des schuldrechtlichen Versorgungsausgleichs auch aus Gründen der Gleichbehandlung, etwa wenn ein ausgleichsberechtigter Ehegatte selbst erhebliche Versorgungswerte hat, die nicht in den sofortigen Wertausgleich fallen. Im Hinblick auf die Bedenken gegen die Vereinbarung des schuldrechtlichen Versorgungsausgleichs sollte aber bei einer Vereinbarung darauf geachtet werden, dessen Risiken möglichst auszuschließen. Diese Risiken bestehen vor allem in

– dem Erlöschen bei Tod des Ausgleichspflichtigen,

– der Abhängigkeit von der Leistungsfähigkeit des Ausgleichspflichtigen.

Die Bedenken sind durch § 3a VAHRG nicht ausgeräumt, weil die Verlängerung des schuldrechtlichen Versorgungsausgleichs durch Vereinbarung nur möglich ist, soweit auch ohne die Vereinbarung ein schuldrechtlicher Versorgungsausgleich durchzuführen gewesen wäre **oder** wenn der Versorgungsträger der Vereinbarung ausdrücklich zugestimmt hat, § 3a Abs. 3. Es soll vermieden werden, daß man durch Herausnahme aus dem Wertausgleich eine Versorgung der Kürzung entzieht, im Leistungsfall aber die Verlängerung erreicht (BT-Drucks. 10/5447 S. 12). Der Versorgungsträger kann eine abweichende Vereinbarung nach **§ 1587o BGB** genehmigen, m.E. auch eine solche nach § 1408 BGB. Wird aber diese Genehmigung, was bei vorsorgenden Vereinbarungen die Regel sein dürfte, nicht eingeholt oder nicht erteilt, verbessert sich die Rechtssituation gegenüber dem bisherigen Recht nicht.

Besteht die Möglichkeit, sollte vorgeschlagen werden, statt des schuldrechtlichen Ausgleichs eine wertgesicherte Geldrentenschuld mit dinglicher Absicherung zu vereinbaren. Auf jeden Fall als ausreichend muß die Begründung einer lebenslänglichen Rentenzahlungsverpflichtung für die Dauer des Lebens des Ausgleichsberechtigten, abgesichert durch ein Reallast erachtet werden. Bci fehlender dinglicher Sicherungsmöglichkeit besteht zumindest die Möglichkeit, die Verpflichtung mit Wirkung für die Erben des Ausgleichspflichtigen zu begründen.

Teilweise wird vorgeschlagen, den Abfindungsanspruch des § 1587 l BGB im Regelfall auszuschließen. Unter dem Gesichtspunkt der Gleichwertigkeit der Absicherung ist dies nicht unbedenklich. Die Bestimmung stellt auf das Sicherungsbedürfnis des Berechtigten ab und will dafür Sorge tragen, daß eine eigenständige gesicherte Altersversorgung aufgebaut wird. Deshalb wird insbesondere in Fällen, in denen die Genehmigung des Familiengerichts erforderlich und zweifelhaft ist, von einem solchen Ausschluß abgeraten. Es sollte vielmehr Gelegenheit genommen werden, den Abfindungsanspruch zu konkretisieren, hierbei insbesondere die kostenaufwendige Zahlung von Beiträgen in die gesetzliche Rentenversicherung auszuschließen. Es könnte wie folgt formuliert werden:

Formulierung:

„Die Beteiligten vereinbaren, daß im Scheidungsfall lediglich der schuldrechtliche Versorgungsausgleich stattfindet. Der Wertausgleich nach § 1587b BGB, § 1 VAHRG wir ausgeschlossen. Die Ausgleichsberechtigte kann jedoch jederzeit eine Abfindung der schuldrechtlichen Ausgleichsansprüche gemäß § 1587 l BGB verlangen mit der

B. Vereinbarungen über den Versorgungsausgleich

> Maßgabe, daß lediglich Beiträge zu einer privaten Lebens- oder Rentenversicherung zu zahlen sind. Der Ausgleichspflichtige kann verlangen, daß ihm die Zahlung der Abfindungssumme in 5 gleichen Jahresraten gestattet wird. Eine weitergehende Berufung auf eine unbillige Belastung durch die Abfindungsverpflichtung schließen die Beteiligten ausdrücklich aus.
>
> Die Verpflichtung zur Zahlung der Ausgleichsrente und der Abfindung übernimmt der Ausgleichspflichtige mit Wirkung für sich und seine Erben. Die Erbenhaftung entfällt, soweit mit Zustimmung des Versorgungsträgers ein verlängerter schuldrechtlicher Versorgungsausgleich nach § 3a VAHRG stattfindet."

Vielfach wird die Vereinbarung des schuldrechtlichen Ausgleichs bei Vorliegen von Beamtenversorgungsanwartschaften empfohlen. § 22 Beamtenversorgungsgesetz bestimmt nämlich, daß der geschiedenen Ehefrau eines verstorbenen Beamten, die im Erbfall Witwengeld erhalten hätte, auf Antrag ein Unterhaltsbeitrag insoweit zu gewähren ist, als sie im Zeitpunkt des Todes des Beamten einen Anspruch auf schuldrechtlichen Versorgungsausgleich gehabt hätte. Die Versorgung wird gewährt, wenn die Ehefrau berufs- und erwerbsunfähig ist oder mindestens ein waisengeldberechtigtes Kind erzieht oder das 60. Lebensjahr vollendet hat. Der Anspruch fällt also früher an als der schuldrechtliche Ausgleichsanspruch selbst, vgl. § 1587g Abs. 1 Satz 2 BGB. Er beträgt $5/6$ des Witwengeldes.

Beispiel:

A, Beamter des höheren Dienstes, 55 Jahre, seit 30 Jahren verheiratet und B, in der Ehezeit nicht berufstätig, wollen sich scheiden lassen. A will vermeiden, daß seine Pension gemäß § 1587b BGB um etwa 1/3 gekürzt wird. Die Eheleute einigen sich auf eine monatliche Unterhaltszahlung und wollen den Versorgungsausgleich ausschließen.

Den Beteiligten ist zu raten, diesen Ausgleichsausschluß nicht vorzusehen, vielmehr die Höhe von Ausgleichszahlungen auf die Höhe des vereinbarten Unterhalts zu beschränken Es könnte wie folgt formuliert werden:

Formulierung:

„Die Beteiligten schließen den Versorgungsausgleich nach § 1587b BGB aus und vereinbaren statt dessen die Durchführung des schuldrechtlichen Versorgungsausgleichs nach § 1587f ff. BGB. Der Ausgleichsanspruch beschränkt sich jedoch auf den Betrag, den der Ausgleichspflichtige aufgrund vorstehender Vereinbarung vor Eintritt des Versorgungsfalles zuletzt als Unterhalt zu zahlen hatte und verändert sich in der Folge entsprechend der Wertsicherungsabrede bezüglich des Unterhaltes."

4. Prüfung von Vereinbarungen im Scheidungsverfahren (§ 1587o BGB)

4.1 Prüfungsmaßstäbe

Gemäß § 1587o Abs. 2 Satz 4 BGB darf die Genehmigung zu einer Scheidungsvereinbarung nur verweigert werden, wenn unter Einbeziehung der Unterhaltsregelung und der Vermögensauseinandersetzung offensichtlich die vereinbarte Leistung nicht zur Sicherung des Berechtigten für den Fall der Erwerbsunfähigkeit und des Alters geeignet ist oder zu keinem nach Art und Höhe angemessenen Ausgleich unter den Ehegatten führt. Ein „Negativattest" ist deshalb in doppelter Hinsicht erforderlich:

– die Vereinbarung darf den Ausgleichsberechtigten nicht offensichtlich ohne ausreichende Alterssicherung stellen,

– die Vereinbarung darf von Leistung und Gegenleistung in der Gesamtauseinandersetzung her nicht offensichtlich unangemessene, d.h. zu geringe Sicherungsleistungen zusprechen.

Auf das Merkmal der Offensichtlichkeit ist nach der Rechtsprechung des BVerfG und des BGH – wie eingangs gezeigt – besonderes Gewicht zu legen, um in verfassungskonformer Weise der Parteidisposition Raum zu schaffen. Deshalb sind die nachfolgend dargestellten Genehmigungsgrundsätze der Praxis teilweise als zu eng zu betrachten. Insbesondere die Entscheidung des BGH, DNotZ 1982, 569 (FamRZ 1982, 471; vgl. auch FamRZ 1987, 578, 580), zeigt die Begrenztheit der Verwerfungskompetenz des Familienrichters. Es wir ausgeführt:

„Weiterhin ist denkbar ..., daß die aufgegebenen Versorgungsanrechte ... durch einen Vermögenserwerb von dritter Seite kompensiert werden. § 1587o Abs. 2 Satz 4 BGB trifft nach Wortlaut und Sinn diesen Fall nicht, sondern hat eine Gesamtwertung dessen im Auge, was die Ehegatten einander im Zusammenhang mit der Scheidung unter Einbeziehung der Unterhaltsregelung und der Vermögensauseinandersetzung zugestehen. Diese Vorschrift ... kann nicht als abschließende Regelung der Genehmigungsvoraussetzungen angesehen werden. Außerhalb ihres Anwendungsbereichs kommt es entsprechend dem Zweck des Genehmigungserfordernisses darauf an, ob es der Durchführung des Versorgungsausgleichs nicht bedarf, um für den verzichtenden Ehegatten den Grundstock einer eigenständigen Versorgung für das Alter und den Fall der Erwerbsunfähigkeit zu legen, ob also eine anderweitige, den aus dem Versorgungsausgleich zu erwartenden Anrechten gleichwertige Absicherung gewährleistet ist."

Maßgeblich betont wird also das Sicherungsbedürfnis des Ausgleichsberechtigten. Daraus folgt:

– es kommt zunächst vorrangig auf die Situation des Ausgleichsberechtigten an, ob der Verpflichtete bedürftig wird, wird vernachlässigt (BGH, FamRZ 1982, 258),

– die Versorgungs- und Vermögenssituation des Ausgleichsberechtigten gibt den Maßstab, wie genau die Prüfung nach § 1587o Abs. 2 Satz 4 BGB sein muß, wobei eine genaue Prüfung bei Aufgabe von Versorgungsausgleichsansprüchen etwa in der gesetzlichen Rentenversicherung dann nötig ist, wenn es um den Ausbau der Grundsicherung des Berechtigten durch Übertragung von Wartezeiten etc. geht.

4.2 Anerkannte Fallgruppen

4.2.1 „Entschädigungsloser" Verzicht

Die Amtsgerichte lassen teilweise den Verzicht auf gesetzliche Rentenanwartschaften nur im Bereich der Geringfügigkeit zu (40 bis 50 DM Monatsrentenwert als Grenze). Dies trägt der höchstrichterlichen Rechtsprechung nicht Rechnung.

BGH, DNotZ 1982, 549 läßt den entschädigungslosen Verzicht grundsätzlich zu, wenn eine anderweitige Absicherung vorhanden ist. In Rede stand die Absicherung durch eine Lebensversicherung des „neuen" Ehegatten.

BGH, NJW 1981, 394 läßt den entschädigungslosen Verzicht dann zu, wenn der ausgleichsberechtigte Ehegatte über nicht ausgleichpflichtiges Vermögen aus Grundbesitz und Kapital verfügt, während der Verpflichtete auf seine Altersversorgung angewiesen ist (vgl. auch OLG Düsseldorf, FamRZ 1985, 77; OLG München, FamRZ 1985, 79; OLG Koblenz, FamRZ 1983, 508; OLG Hamm, FamRZ 1987, 951 – mit Gütertrennung – sämtlich zu § 1587c Nr. 1 BGB).

Bei dieser Betrachtungsweise kommt es auf die Höhe der zu übertragenden Versorgungswerte dann nicht an, wenn sie nach der Gesamtversorgungs- und Vermögenssituation der Beteiligten ein adäquates oder überschießendes Gegengewicht beim ausgleichsberechtigten Ehegatten haben (OLG Hamm, FamRZ 1988, 627; OLG Hamburg, FamRZ 1988, 628).

Allgemein wird ferner ein Verzicht ohne Gegenleistung zugelassen, wenn der Unterschied der beiderseitigen Anwartschaften eine Geringfügigkeitsschwelle nicht überschreitet. In Anlehnung an Ruland, Anwaltsblatt 1982, 93, hat sich hierzu die Meinung durchgesetzt, daß der Wertunterschied der beiderseitigen Anwartschaften 10% nicht überschreiten sollte.

Nach BGH, FamRZ 1981, 30, ist ein entschädigungsloser Verzicht möglich, wenn die Ehezeit nur extrem kurz war, mithin eine gemeinsame Versorgungsplanung noch nicht greifen konnte. Eine ähnliche Behandlung gilt bei einer sog. phasenverschobenen Ehe (Rentner heiratet Berufstätige, OLG Köln, FamRZ 1988, 849).

B. Vereinbarungen über den Versorgungsausgleich

Nach OLG Zweibrücken, FamRZ 1983,1041 (vgl. auch OLG Karlsruhe, FamRZ 1987, 1068) ist ein entschädigungsloser Verzicht auf Anwartschaften stets möglich, wenn der Berechtigte durch die Übertragung der Anwartschaften keine nennenswerten Vorteile im Versorgungsbereich erlangt (Rechtsgedanke des § 1587b Abs. 4 BGB), insbesondere bei Nichterfüllung der allgemeinen Wartezeit von 5 Jahren gemäß § 50 SGB VI, die 1995 mit einer Anwartschaft von 179,40 DM erreicht wird.

Im Fall des OLG Zweibrücken wurde ein geringfügiger Wertunterschied zugunsten des ausgleichsberechtigten Ehegatten, der eine Beamtenversorgung hatte, gemäß § 1587c Abs. 1 BGB nicht ausgeglichen, weil durch die Übertragung in die gesetzliche Rentenversicherung lediglich ein Monat Wartezeit erfüllt worden wäre und die Mindestwartezeit von 60 Kalendermonaten für den Beamten wohl nie erreicht werden konnte. Das Gericht meinte, es bestehe zwar die Möglichkeit, gemäß § 1587b Abs. 4 BGB in diesen Fällen den Ausgleich in anderer Weise zu regeln, dies sei jedoch antragsabhängig. Werde ein solcher Antrag nicht gestellt, bestehe die Möglichkeit, den Ausgleichsanspruch ersatzlos entfallen zu lassen.

Die für die Praxis bedeutende Gruppe der **Doppelverdienerehe** mit eigenständiger Versorgungsplanung jedes Ehepartners muß mindestens dann, wenn keine übermäßigen Qualitätsunterschiede der Absicherung vorhanden sind (Chefarzt/Krankenschwester) als Bereich eines zulässigen Ausgleichsverzichts angesehen werden (aA OLG Düsseldorf, FamRZ 1986,68).

So hat im folgendem Fall das OLG Koblenz nach § 1587c Nr. 1 den Versorgungsausgleich ausgeschlossen (vgl. FamRZ 1983, 508 gegen eine generelle Wertung im Bereich des § 1587c aber BGH FamRZ 1986, 563):

Beispiel:

A und B sind seit 1960 verheiratet, der A verdient als Lehrkraft 4000,- DM netto. Die B ist Oberstudienrätin, seit 1977 im vorzeitigen Ruhestand mit einer Pension von 3100,- DM. Während der Ehezeit (1960 bis 1978) hat nur die B Anwartschaften erworben. A hat eine befreiende Lebensversicherung unterhalten. Zwischen den Parteien bestand seit 1964 Gütertrennung.

Das AG hat den Versorgungsausgleich durchgeführt. Das OLG hat insbesondere unter Berücksichtigung der Tatsache, daß die Lebensversicherung des A nicht ausgleichspflichtig ist, grundsätzlich wegen der separaten Versorgungsplanung den Versorgungsausgleich ausgeschlossen.

Ein weiteres Beispiel zur Anwendung des § 1587c gibt der Fall BVerfG FamRZ 1984, 653 (kritisch Wagenitz FamRZ 1986, 18), in dem man bei einem Lehrerehepaar mit annähernd gleicher Pensionshöhe deshalb, weil der Ehemann in der Ehezeit höherwertige ruhegehaltfähige Dienstzeiten hatte, statt eines Versorgungsunterschieds von 50,– DM zu einem Ausgleichswert von 460,– DM kam. Eine solche **nicht ehebedingte Bevorzugung** eine Ehegatten widerspreche den tragenden Prinzipien des Versorgungsausgleichs.

Zulässig soll auch der Ausschluß von **„Randversorgungen"** sein (vgl. AG Mosbach, FamRZ 1977, 810), insoweit gelten die vorstehend angeführten Grundsätze zur Geringfügigkeit und Eigenständigkeit der jeweiligen Versorgungsplanung entsprechend. Eine Randversorgung kann dann nicht ausgeschlossen werden, wenn dies zu einer Erhöhung der gesetzlichen Ausgleichsquote führt (Verbot des Supersplitting), vgl. z.B. OLG Koblenz, FamRZ 1983, 406:

Beispiel:

A hat Anwartschaften von 200,– DM in der gesetzlichen Rentenversicherung, weitere Anwartschaften bei der Österreichischen Pensionsversicherung und bei der Versorgungsanstalt der deutschen Bühnen. Die B hat Anwartschaften in Höhe von 16,50 DM bei der gesetzlichen Rentenversicherung. Die Eheleute haben vertraglich auf die Einbeziehung der Anwartschaften der B sowie der Anwartschaften des A bei der Österreichischen Pensionsversicherung verzichtet. Die Vereinbarung wurde trotz der Geringfügigkeit der Anwartschaften als Verstoß gegen § 1587o Abs. 1 Satz 2 BGB erachtet, weil durch den Verzicht auf den Ausgleich der Ansprüche der B deren Ausgleichsanspruch erhöht wurde.

4.2.2 Entschädigungsloser Ausschluß des schuldrechtlichen Ausgleichs

Die bereits beschriebene geringere Sicherheit des schuldrechtlichen Ausgleichs läßt einen weiteren Spielraum bei dem Ausschluß dieser Ausgleichsform zu. Wenn die Geeignetheit und Sicherheit dieser Ausgleichsform anstelle des Wertausgleichs – wie gezeigt – teilweise bezweifelt wird, kann diese Ausgleichsform in der Gesamtauseinandersetzung insgesamt nicht als wesentliche Sicherungsposition verstanden werden. Grundsätzlich kann von der Zulässigkeit des Ausschlusses des schuldrechtlichen Versorgungsausgleichs deshalb dann ausgegangen werden, wenn nicht zugleich ein Unterhaltsverzicht vereinbart wird. Eine unterhaltsrechtliche Absicherung der Bedürftigkeit im Alter ergibt sich aus §§ 1571, 1573 BGB. Allerdings darf eine nachteilige Unterhaltsregelung, zum Beispiel ein Verzicht, nicht ohne weiteres zur Annahme einer unangemessenen Gesamtregelung führen, weil § 1587 o nicht einen an sich dispositiven Regelungsbereich dem Genehmigungsvorbehalt unterstellen will (BGH FamRZ 1994, 234, 236). Der Unterhaltsverzicht des Ausgleichspflichtigen kann im übrigen sogar zulässige Gegenleistung sein (OLG Oldenburg OLG R 95, 12, 14).

4.2.3 Verzicht gegen Gegenleistung

4.2.3.1 Sicherungseignung

Eine vereinbarte Gegenleistung ist dann für den Fall der Erwerbsunfähigkeit und des Alters als Sicherung geeignet, wenn sie die wesentlichen Merkmale einer gesetzlichen Altersvorsorge erfüllt.

Das sind

– Wertsicherheit der Vermögens- oder Versorgungsposition,

– Eigenständigkeit der Versorgungsposition,

– Zweckgebundenheit der Versorgungsposition.

B. *Vereinbarungen über den Versorgungsausgleich*

Unter diesem Gesichtspunkt ist – wie gezeigt – jede Vereinbarung einer anderen gesetzlichen Ausgleichsform, mit Einschränkungen für den schuldrechtlichen Versorgungsausgleich, sicherungsgeeignet, z. B.

– die Beitragsentrichtung in die gesetzliche Rentenversicherung,

– die Übernahme von Beiträgen für die freiwillige Weiterversicherung oder Höherversicherung in der gesetzlichen Rentenversicherung.

Es ist lediglich darauf zu achten, daß bei der Übernahme von laufenden Beiträgen die Sicherstellung der Zahlungen erfolgt. Einmalbeitragslösungen sind vorzuziehen. Als Mindestabsicherung wegen laufender Beiträge sollte eine Vollstreckungsunterwerfung, ferner nach Möglichkeit eine Abtretung, etwa von Gehaltsansprüchen vorgesehen werden, auch kann an Absicherung durch dingliche Rechte gedacht werden. Grundsätzlich geeignet ist die alternative Absicherung durch **Lebensversicherungen**. Die Beitragszahlung in die gesetzliche Rentenversicherung hat nur etwa 60 % des Wirkungsgrades einer Einzahlung in die Lebensversicherung. 100,– DM Beitrag kosten in der Lebensversicherung etwa 11.000,– DM, in der gesetzlichen Rentenversicherung etwa 20.000,– DM. Ein Leitbild für die Versorgungssicherung bei Lebensversicherungen ergibt sich aus § 1587 l Abs. 3 BGB:

– der Versicherungsvertrag sollte auf die Person des Berechtigten abgeschlossen sein,

– für den Erlebensfall sollte die Altersgrenze 65 nicht überschritten werden,

– Gewinnanteile sollten zur Erhöhung der Versicherungsleistungen verwendet werden.

Nicht erforderlich ist es, wie § 1587 l BGB vorsieht, die Versicherung auch für den Fall des Todes des Versicherten einzurichten, da Hinterbliebenenleistungen nicht Gegenstand des Versorgungsausgleichs sind. Geregelt werden muß aber, wem die Versicherungsansprüche zustehen, wenn der Berechtigte vor dem Verpflichteten stirbt. Dies sollten in der Regel die Hinterbliebenen des Berechtigten sein, es ist jedoch auch möglich, die

B. Vereinbarungen über den Versorgungsausgleich

Versorgung an die Pflichtigen zurückfließen zu lassen. Der Berechtigte muß ferner nicht versicherte Person sein. Folgende Varianten sind möglich:

– Versicherungsnehmer und versicherte Person ist der Ausgleichsberechtigte,

– Versicherungsnehmer ist der Ausgleichspflichtige, versicherte Person der Ausgleichsberechtigte. Dem Ausgleichsberechtigten wird ein unwiderrufliches Bezugsrecht eingeräumt,

– Versicherungsnehmer und versicherte Person ist der Ausgleichspflichtige, dem Ausgleichsberechtigten steht ein unwiderrufliches Bezugsrecht zu.

Die letzte Form ergibt nur dann eine eigenständige Alterssicherung des Ausgleichsberechtigten, wenn der Versicherungsfall für den Erlebensfall vor Erreichen der Altersgrenze des Ausgleichsberechtigten eintritt, der Ausgleichspflichtige also älter ist. Die Frage, welche Ausgestaltung im Einzelfall am sinnvollsten ist, hängt vor allem auch von der Beurteilung der steuerlichen Abzugsfähigkeit ab (siehe hierzu sogleich unten).

Beitragsentrichtungen sind möglich

a) durch Einmalbetrag,

b) durch Einrichtung eines Beitragsdepots (höherer Verzinsungseffekt durch Nutzung des Kapitalmarktzinses),

c) durch laufende Beiträge.

Im Fall c) gilt das vorstehend Gesagte zur Absicherung der Beitragszahlungen entsprechend. Ferner muß sichergestellt werden, daß für den Todes- und Berufsunfähigkeitsfall des Ausgleichspflichtigen die Beitragszahlung gesichert ist, etwa durch Abschluß einer entsprechenden Risikozusatzversicherung.

Eine geeignete und angemessene Absicherung des Ausgleichsberechtigten über Lebensversicherung ist auch dann möglich, wenn z.B. nur der Alterssicherungszweck verfolgt wird. Probleme ergeben sich insbesondere bei der Absicherung des Berufsunfähigkeitsrisikos nicht Berufstätiger. Bei entsprechender Einzahlung eines Betrages in eine reine Altersversicherung ergibt sich jedoch ein höherer Altersrentenbetrag. Anzunehmen ist deshalb, daß die Absicherung des Berufsunfähigkeitrisikos durch Unterhaltsansprüche ausreicht (RGRK-Wick, § 1587o Rdn. 36; Bedenken bei OLG Saarbrücken, FamRZ 1982, 394).

Überwiegend wird die Auffassung vertreten, eine sichere Gegenleistung müsse auch den Versorgungszweck absichern, etwa bei Lebensversicherung zwingend durch Abschluß einer Rentenversicherung ohne Kapitalwahlrecht (vgl. Karlsruhe, FamRZ 1982, 395, Soergel/Vorwerk § 1587o Rdn. 5). Läßt man indes überhaupt Gegenleistungen zu, die nicht reine Versorgungspositionen darstellen, was allgemeine Meinung ist, ist diese Einschränkung nicht gerechtfertigt. Insbesondere bei Scheidungsfällen in vorgerücktem Alter dürfte das Versorgungsbewußtsein so ausgeprägt sein, daß eine Kapitalversicherung adäquat sein kann (steuerliche Nachteile bleiben hier unberücksichtigt). Gleiches gilt für die reine Kapitalabfindung. Die Auffassung, es müsse dem Empfänger der Leistung zur Auflage gemacht werden, die Beträge altersgesichert zu verwenden, wird nicht geteilt (wie hier Johannsen/Henrich-Hahne § 1587o Rdn. 27, RGRK-Wick aaO). Sie entspricht nicht der Haltung der dargestellten Rechtsprechung des BGH und des BVerfG, die auf die Mündigkeit des Vertragspartners und die Dispositionsfreiheit der Ehegatten besonderes Gewicht legen. Die Formulierung des § 1587o Abs 2 Satz 4 BGB stellt zudem ausdrücklich auf die Gesamtvermögensauseinandersetzung, also die Übertragung sonstiger Vermögenswerte ab.

Absicherung durch entsprechende **erhöhte Unterhaltsleistung** mit Sicherstellung wird als zulässige Gegenleistung erachtet (Soergel/Vorwerk, § 1587o Rdn. 5 Münch Komm-Strobel § 1587o Rdn. 30, a.A. Johannsen/Henrich/Hahne aaO., zumindest dann, wenn eine (dingliche) Sicherheit für die Leistung gewährt wird (so RGRK-Wick, aaO Rdn. 41). Eine Begründung einer eigenständigen Leibrente ist vorbehaltlich der steuerlichen Wirkungen jedoch vorzuziehen (Langenfeld, aaO, Rdn. 644).

Die Übertragung von sonstigen Vermögenswerten, insbesondere Grundbesitz, ist zur Sicherung geeignet (Soergel/Vorwerk, § 1587o Rdn. 4 f). Bei der Abwägung von Leistung und Gegenleistung ist aber auf eine realistische Bewertung zu achten.

Beispiel:

Die B verzichtet auf Durchführung des Versorgungsausgleichs Zug um Zug gegen Übertragung von einem Hektar Bauerwartungsland.

Bei Grundbesitz ist für die Vermögensauseinandersetzung gemäß § 1376 BGB der Wert im Zeitpunkt der Beendigung des Güterstandes anzusetzen. Der Verkehrswert im Sinne eines Verkaufswertes ist nur dann maßgeblich, wenn die Veräußerung beabsichtigt ist (Sorgel/Lange, § 1376 Rdn. 12). Bauerwartungen etc. sind bei einer Rücklagenbildung für das Alter nicht unbedingt als realistisch zu unterstellen.

4.2.4 Angemessenheit der Gegenleistung

Das Synallagma zwischen Leistung und Gegenleistung soll nach § 1587o Abs. 2 Satz 4 BGB in etwa ausgewogen sein. Das bedeutet, daß bei nicht ausreichend gesicherter Rechtsposition Risikoabschläge in Betracht kommen. Dies gilt insbesondere für

– die Einräumung von Rentenanwartschaften außerhalb der gesetzlichen Rentenversicherung und der privaten Lebensversicherung.

Beispiel:

Die Beteiligten beschränken den Ausgleich auf eine betriebliche Altersversorgung, die nach § 1 Abs. 2 VAHRG realgeteilt wird.

– bei Vereinbarung des schuldrechtlichen Versorgungsausgleichs. Hier wird von den Familiengerichten teilweise ein Risikoabschlag von etwa 30% angesetzt.

– Allgemein bei Vereinbarung künftiger Leistungen, insbesondere Unterhaltszahlungen.

Die Angemessenheitsprüfung hat nach der eingangs zitierten Rechtsprechung umso größeres Gewicht, je größer das Versorgungsbedürfnis des Berechtigten ist. Grundsätzlich problematisch ist die Genehmigung von Verzichten auf den Ausgleich gesetzlicher Rentenanwartschaften dann, wenn die Übertragung der Anwartschaft zur Erfüllung einer gesetzlichen Wartezeit führen oder beitragen würde und der Berechtigte auf diese Versorgung wahrscheinlich angewiesen ist.

4.2.5 Vereinbarte Härtefälle

BGH, DNotZ 1982, 569, 572, führt als Beispiel für die Tatsache, daß ein entschädigungsloser Verzicht auf jeglichen Versorgungsausgleich zulässig sein muß, an, daß eine Vereinbarung über den Ausschluß in Fällen getroffen wird, in denen das Familiengericht gemäß § 1587c BGB ohnehin den Ausgleich ausschließen könnte. Der Zweck des Genehmigungserfordernisses, den Ehegatten vor Übervorteilung zu schützen, entfalle, wenn dieser ohnehin keinen Ausgleich zu erwarten habe. Damit ist eine breite Skala von Vereinbarungsmöglichkeiten eröffnet, die unter dem Gesichtspunkt des § 1587o Abs. 2 Satz 4 BGB nicht mehr nach Sicherungseignung und Angemessenheit überprüft werden können. Der „Konventionalausschluß" des Versorgungsausgleichs könnte in der Praxis die Folge sein. Denn der BGH stellt in der Entscheidung ausdrücklich fest, daß ein Interesse der Beteiligten an der Vereinbarung auch deshalb bejaht werden kann, weil diese die die Härte begründenden Umstände nicht in allen Einzelheiten vor Gericht zu erörtern wünschen.

Anknüpfungspunkt für einen Ausschluß wegen grober Unbilligkeit dürfte vor allem § 1587c Nr. 1 BGB sein. **Eheliches Fehlverhalten** im Sinne dieser Vorschrift steht dem Versorgungsausgleich nur dann entgegen, wenn es wegen seiner Auswirkungen auf den Ehepartner ganz besonders ins Gewicht fällt, etwa weil die Pflichten gegenüber dem anderen Ehepartner über lange Zeit verletzt worden sind (BGH, FamRZ 1983, 32). Es müssen schwere Begleitumstände vorliegen, wobei strengere Anforderungen als bei § 1579 BGB gelten (BGH, FamRZ 1982, 463).

Beispiele:

Dem Ehemann wurde über eine längere Zeit ein nicht von ihm stammendes Kind untergeschoben (BGH, FamRZ 1983, 32).

Kein ausreichendes Fehlverhalten bei bloßer Zuwendung an einen anderen Partner nach langjähriger Ehe (BGH, FamRZ 1982, 35).

Längere Trennung vom Ehegatten allein durch eheliches Fehlverhalten verschuldet (OLG München, FamRZ 1985, 79).

Überlegungen zum ehelichen Fehlverhalten führen allgemein zur Frage, ob auf diese Weise das Verschuldensprinzip im Versorgungsausgleich wieder eingeführt werden kann. Sollte insoweit bezüglich vorsorgender Ausgleichsvereinbarungen auch Zurückhaltung geübt werden (vgl. Langenfeld, aaO, Rdn. 614), so kann im konkreten Scheidungsfall jedoch die subjektiv schlüssige Wertung eines ehelichen Fehlverhaltens Grundlage einer Ausschlußvereinbarung sein.

Zu § 1587c BGB gibt es ferner eine Reihe von Entscheidungen, die auf die **Versorgungslage** abgestellt den Ausgleich als **unbillig** erachten. Insoweit ergeben sich teilweise Berührungspunkte zur Frage, ob eine Sicherung des Ausgleichsberechtigten noch erforderlich ist.

Beispiele:

Der Ausgleichspflichtige hat Anwartschaften in Höhe von etwa 400,- DM in der gesetzlichen Rentenversicherung, der Ausgleichsberechtigte etwa 6 Mio. DM Privatvermögen (vgl. OLG Düsseldorf, FamRZ 1985, 77; OLG München, FamRZ 1985, 79).

Der Ehemann bezieht eine höhere Rente, die Ehefrau hat den Ausbau der Altersversorgungsanwartschaften noch nicht abgeschlossen (BGH, FamRZ 1982, 258).

Die Eheleute haben in etwa gleich hohe Beamtenpensionen, gleichwohl wäre aus Gründen der Versorgungsbestimmungen rechnerisch ein Ausgleich von mehr als 400,- DM zu vollziehen (BVerfG, FamRZ 1984, 653).

Der Ausgleichspflichtige hat durch sein Einkommen das Studium des Ehegatten finanziert (BGH, FamRZ 1988, 600; OLG Hamm, FamRZ 1988, 515; anders OLG Karlsruhe, FamRZ 1988, 70).

Nach OLG Karlsruhe, FamRZ 1984, 1114, soll ein Ausschluß nach § 1587c BGB vom Gericht nur dann ausgesprochen werden, wenn zuvor die in der Ehezeit erworbenen Versorgungsanwartschaften genau ermittelt worden sind. Diese Aussage ist in ihrer Allgemeinheit nicht haltbar. Sie kann nach den vorstehenden Fällen nicht maßgeblich sein, wenn es sich um einen Ausschluß wegen „schwerer Eheverfehlungen" handelt. Auch im Bereich krasser Widersprüche in der Versorgungssituation der Beteiligten soll nach BVerfG, DNotZ 1962, 565, 568, das Merkmal der Offensichtlichkeit des § 1587o Abs. 2 Satz 4 BGB „die Familiengerichte von der Verpflichtung entbinden, einen bis ins einzelne gehenden Vergleich zwischen den sich aus dem Vertrag ergebenden Leistungen und dem Ergebnis eines fiktiv durchgeführten Versorgungsausgleichs vorzunehmen". Eine Schätzung des Gerichts anhand von Auskünften der Rentenversicherungsträger muß ausreichen (Johannsen/Henrich-Hahne § 1587o Rdn. 23, RGRK-Wick § 1587o Rdn. 33). Bei vereinbarten „Härtefällen" wird vielfach das Interesse an der Detailprüfung der Versorgungsverhältnisse zurückstehen müssen. Zu den Prüfungspflichten im einzelnen siehe sogleich unter 7.

5. Verbot des Super-Splitting (§ 1587o Abs. 1 Satz 2 BGB)

§ 1587o Abs. 1 Satz 2 BGB verbietet es, durch Vereinbarung Anwartschaftsrechte in einer gesetzlichen Rentenversicherung zu begründen oder zu übertragen. Diese Einschränkung gilt auch für Eheverträge nach § 1408 Abs. 2 BGB (Soergel/Gaul, § 1408 Rdn. 34, vgl. auch BGH, FamRZ 1990, 273) und zugunsten der Versorgungsträger des § 1 Abs. 2, 3 VAHRG (Soergel/Vorwerk § 1587o Rdn. 12). Die Vorschrift schließt es aus, im Rahmen eines Ausgleichs zugunsten des Ausgleichsberechtigten mehr als nach § 1587b Abs. 1 oder 2 BGB (§ 1 VAHRG) vorgesehen an Anwartschaften in die gesetzliche Rentenversicherung zu übertragen, um möglicherweise unsichere andere Ausgleichsformen zu erübrigen (sog. Super-Splitting, vgl. BGH, FamRZ 1981, 1051, Schmeiduch, FamRZ 1979, 762; Zimmermann/Becker, FamRZ 1983, 1, 2 mit Nachw. der unterschiedlichen Rechtsprechung der unteren Gerichte). Die Rentenversicherungsträger lehnen einen höheren Ausgleich zu Lasten ihrer Anstalten kategorisch ab, wobei eine Bagatellgrenze, ähnlich der Grenze des früheren § 3c VAHRG gezogen wird (max. 10,- DM). Eine vertragliche Reduzierung der auf den Ausgleichsberechtigten zu übertragenden Anwartschaften ist jedoch immer möglich (BGH FamRZ 1986, 890, 892).

Beispiele:

1. A hat 500,- DM ausgleichspflichtige Ehezeitanwartschaften in der gesetzlichen Rentenversicherung und 50,- DM ausgleichspflichtige Ehezeitanwartschaften aus betrieblicher Altersversorgung. Er soll nach Vereinbarung 550 Anwartschaften übertragen.

Klassicher Fall des Super-Splitting, vgl. BGH, FamRZ 1981, 1051.

Dieser Fall lag den früheren Entscheidungen zum Super-Splitting regelmäßig zugrunde, weil mit einer solchen höheren Übertragung die Ausgleichsform der Beitragsentrichtung in die gesetzliche Rentenversicherung vermieden werden sollte. Dieser Zwang besteht heute nicht mehr.

An seine Stelle getreten ist die ausufernde Regelung zum schuldrechtlichen Versorgungsausgleich in § 2 VAHRG mit den Nachteilen für den Ausgleichsberechtigten. Vor allem aber sieht § 3 b die Möglichkeit vor, durch richterliche Entscheidung bis zum Grenzwert ein Supersplitting zur Vermeidung des schuldrechtlichen Versorgungsausgleichs anzuordnen, was der Diskussion generell eine andere Tendenz gibt.

2. Die B ist ausgleichspflichtig. Bei ihrer Ehezeitenanwartschaftsberechnung in der gesetzlichen Rentenversicherung müssen Ausbildungszeiten substituiert werden. Nach altem Recht war infolge Verfassungswidrigkeit des § 1255 b Abs. 4 RVO eine Regelungslücke vorhanden (Anrechnung von nur 75 % des Durchschnittsbemessungsfaktors bei Frauen), die in der Vereinbarung mit einer Anrechnung auf der Basis von 100 % geschlossen werden sollte.

In diesem Fall erfolgt eine **Höherbewertung** der Anwartschaften des Ausgleichsberechtigten mit der Folge eines höheren Ausgleichs. Auch eine solche Höherbewertung ist ein unzulässiges

Super-Splitting. Konkret fragt sich aber, ob eine Regelungslücke nicht im Weg des Vergleichs geschlossen können werden muß.

3. Der A ist ausgleichspflichtig mit 800 Ehezeitanwartschaften aus der gesetzlichen Rentenversicherung, der B stehen lediglich 200 verfallbare Anwartschaften aus betrieblicher Altersversorgung zu. Diese 200 Anwartschaften sind bei der Ausgleichsberechnung in den Saldo einzubeziehen, obwohl sie nur schuldrechtlich ausgeglichen werden. Die Beteiligten vereinbaren, daß die 200 Anwartschaften als verfallbar behandelt werden und nicht saldiert werden.

In diesem Fall ist der Ausgleichssaldo zugunsten des Ausgleichsberechtigten durch **Herausnahme einer Versorgung** aus der Anrechnung verbessert worden. Auch dies führt zu einem Super-Splitting. Die gleiche Konstellation stellt sich allgemein bei der Herausnahme zu unsicherer Versorgungen, etwa einer Auslandsversorgung, aus dem Versorgungssaldo (vgl. OLG Koblenz, FamRZ 1983, 406). Allerdings wird zunehmend diskutiert, ob solche mittelbare Eingriffe ohne das Ziel, den Wertausgleichssaldo zu erhöhen, anerkannt werden sollen (vgl. Langenfeld FamRZ 1987, 9). Die Rechtsprechung ist uneinheitlich (befürwortend OLG Zweibrücken, FamRZ 1987, 76, aufgehoben von BGH FamRZ 1988, 153, vgl. auch FamRZ 1990, 273; RGRK-Wick § 1587 o Rdn. 13 mwN.)

Zweck des § 1587 o Abs. 1 Satz 2 BGB ist die Vermeidung von Manipulationen zu Lasten der Sozialversicherung. Insbesondere sollen dem Sozialversicherungsträger nicht durch Vereinbarung schlechtere Risiken aufgebürdet werden können (Beispielsfall: ausgleichsberechtigt ist jüngere Ehefrau, die früher rentenberechtigt wird und eine längere Bezugserwartung hat). Zweck ist die Beschränkung der Entscheidungsmöglichkeiten im familiengerichtlichen Verfahren auf die Ausgleichsregel des § 1587 b Abs. 1 und 2 BGB. Das gilt auch für Entscheidungen des Familiengerichts selbst, wie § 1587 b Abs. 4 BGB am Ende zeigt. Gleichwohl ist die strenge Auslegung von § 1587 o Abs. 1 Satz 2 BGB nur mit Einschränkungen zutreffend:

– die Entscheidungskompetenz des Familiengerichts wird nicht beschnitten im Bereich des § 1587 c BGB. Dort ist über den Ausgleich überhaupt, also auch über den Umfang des Aus-

B. Vereinbarungen über den Versorgungsausgleich 110

gleichs jede Billigkeitsentscheidung möglich. Entsprechend ist eine Vereinbarung, die von § 1587 c BGB gedeckt wird (siehe oben) trotz möglichen Super-Splittings anzuerkennen.

- Das Verbot des Super-Splitting kann nicht anerkannt werden in Fällen, in denen anderenfalls eine Entscheidung zivilrechtlich nicht möglich wäre, etwa weil eine Verfahrensaussetzung mit anschließendem Rechtsstreit erforderlich würde.

Beispiel:

Bei einer im Ausgleichssaldo zu berücksichtigenden betrieblichen Altersversorgung streiten die Beteiligten um die Anerkennung von Vordienstzeiten. Der Streit müßte gerichtlich zwischen Arbeitgeber und Arbeitnehmer ausgetragen werden. Statt dessen wird ein arbeitsrechtlicher Vergleich geschlossen.

Fraglich ist, ob im Bereich der öffentlich-rechtlichen Anwartschaften selbst solche Vergleiche zur Beilegung von Ungewißheiten möglich sind, beispielsweise in Fällen wie dem der Verfassungswidrigkeit von § 1255 b Abs. 4 RVO. (Für ungeklärte Fehlzeiten vgl. OLG Frankfurt, FamRZ 1987, 494.)

Zulässig muß es auch sein, als gesetzwidrig eingestufte Ungleichbehandlungen bei der Berechnung von Anwartschaften zu eliminieren, insbesondere bei der Dynamikbewertung im Sinne des § 1587 a Abs. 3 BGB.

Beispiel:

Eine betriebliche Altersversorgung wird satzungsgemäß nicht angepaßt, unterliegt aber der Preisanpassung nach § 16 Betriebsrentengesetz. Gleichwohl wird sie als statische Versorgung voll abgewertet. Es handelt sich um eine trotz Neufassung der BarWertVO allseits kritisierte Regelungslücke, die mit einem Zuschlag nach § 1587 a Abs. 5 BGB geschlossen wird.

Das Beispiel zeigt, daß Beurteilungsspielräume im Rahmen der Berechnungsverfahren selbst zugestanden werden müssen. Insoweit dienen Vereinbarungen, die gewichtigen Rechtsansichten Rechnung tragend eine Berechnungsform festlegen, der Klärung der Rechtslage unter den Beteiligten.

- Allgemein spricht § 3 b VAHRG für eine großzügigere Betrachtung. Wenn sich eindeutig absehen läßt, daß eine Verschiebung die Supersplittinggrenze dieser Vorschrift nicht übersteigt, sollten auch aufgrund Vereinbarung zumindest mittelbare Eingriffe – z. B. die Herausnahme einer Versorgung – zugelassen werden (vgl. Soergel/Vorwerk § 1587 o Rdn. 13, generell für eine Freigabe dieses Regelungsrahmens Langenfeld MittRhNotk 1988, 111, 112; Johannsen/Henrich-Hahne, § 1587 o Rdn. 18, § 3 b Rdn. 30). Diese Grenze (2 % der monatlichen Bezugsgrenze) liegt für 1993 bei 74,20 DM, für 1994 bei 78,40 DM und für 1995 bei 81,20 DM.

- Bei Realteilung und Quasi-Splitting nach § 1 Abs. 2, 3 VAHRG ist mit Zustimmung des Versorgungsträgers jedes Supersplitting möglich.

6. Vereinbarungen im Hinblick auf das Gesetz zur Regelung von Härten im Versorgungsausgleich

Zu Vereinbarungen, die sich auf die Durchführung der Härteregelungen der §§ 4 ff. des Härteregelungsgesetzes beziehen, vgl. zunächst Zimmermann, MittRhNotk 1983, 139.

6.1 Verlängerung des schuldrechtlichen Versorgungsausgleichs

Die Verlängerung des schuldrechtlichen Versorgungsausgleichs ist, soweit dieser auf Parteivereinbarung beruht, nur mit Zustimmung des Versorgungsträgers möglich. Deshalb ist in Vereinbarungen über schuldrechtlichen Versorgungsausgleich klarzustellen, welche Folgen sich aus einer Verweigerung dieser Zustimmung ergeben:

Formulierung:

„Der Notar wies darauf hin, daß die Wirkungen des § 3 a VAHRG nur eintreten, wenn der Versorgungsträger der vorstehenden Vereinbarung zustimmt. Er wird mit der Einholung der Genehmigung zu dieser Urkunde beauftragt. Sollte diese Zustimmung bis zum Tode des Ausgleichspflichtigen nicht vorliegen, sind die Erben des Ausgleichspflichtigen – beschränkt auf den Bestand des Nachlasses – zur Fortzahlung der schuldrechtlichen Ausgleichsrente verpflichtet."

6.2 Vermeidung des Versorgungsausgleichs durch Beitragsentrichtung

Durch § 3 b VAHRG ist der richterlichen Anordnung eines Versorgungsausgleichs durch Beitragsentrichtung wieder weiter Raum eröffnet. Diese Anordnung erfolgt nach Ermessen des Famliengerichts von Amts wegen, wenn diese Form des Ausgleichs dem Ausgleichpflichtigen wirtschaftlich zumutbar ist. Es bleibt den Beteiligten allerdings unbenommen, durch Parteivereinbarung eine bestimmte Form des Versorgungsausgleichs auszuschließen, mithin auch § 3 b Abs. 2 VAHRG:

Formulierung:

„Die Beteiligten vereinbaren, daß ein Versorgungsausgleich nach den gesetzlichen Bestimmungen durchgeführt werden soll mit Ausnahme eines Versorgungsausgleichs gemäß § 3 b Abs. 1 Ziff. 2 VAHRG (Anordnungs der Beitragsentrichtung). Für den Fall, daß eine andere Ausgleichsform nicht zur Verfügung steht, verbleibt es also beim schuldrechtlichen Versorgungsausgleich."

Handelt es sich um eine Vereinbarung nach § 1587o BGB, bedarf sie der Genehmigung des Familiengerichts. Diese Genehmigung darf m.E. nicht verweigert werden, wenn ein verlängerter schuldrechtlicher Versorgungsausgleich zur Verfügung steht, weil ein solcher im Verhältnis zur Beitragszahlung nicht offensichtlich als ungeeignet einzustufen ist. Auch der Versorgungsausgleich durch Beitragsentrichtung hat Risiken, weil er auf einer fortdauernden Leistungsfähigkeit des Ausgleichspflichtigen aufbaut.

6.3 Abänderung von Vereinbarungen

Nach § 10a Abs. 9 VAHRG sind Vereinbarungen über den Versorgungsausgleich gerichtlich nur abänderbar, wenn die Ehegatten die Abänderung nicht ausgeschlossen haben. Im Hinblick auf den abschließenden Vergleichscharakter einer typischen Vereinbarung wird sich vielfach empfehlen, die Abänderbarkeit ausdrücklich auszuschließen, sei es auch nur im Hinblick auf strittige Teile der Vereinbarung.

Formulierung:

„Vorstehende Vereinbarung über den Versorgungsausgleich soll auch bei wesentlicher Änderung der Verhältnisse nicht gerichtlich abänderbar sein.

Oder:

Vorstehende Regelung zum Versorgungsausgleich soll der Abänderungsmöglichkeit des § 10a VAHRG nur insoweit unterliegen, als die Form des vereinbarten Ausgleichs geändert werden kann. Die Berechnungsgrundlagen sind verbindlich festgestellt."

7. Sonstige Fragen

7.1 Ermittlungspflichten von Gerichten und Notaren

Sowohl Abfassung als auch Genehmigung einer Vereinbarung nach § 1587o BGB bedürfen einer vorherigen Sachverhaltsklärung. Seit der Entscheidung des BVerfG v. 4.5.1982 (DNotZ 1982, 564) herrscht Klarheit über die Aufgabenverteilung zwischen Notar und Gericht. Es wird ausgeführt, der Genehmigungsvorbehalt des § 1587o Abs. 2 Satz 3 BGB sei erforderlich, weil die Sachverhaltsfeststellung des Notars nicht die letzte Gewißheit für die Richtigkeit der Beurteilung der Versorgungslage bieten könne. Ihm stehe nur die Auskunft vor Verfahrensdurchführung zur Verfügung, während das Gericht die Auskünfte der Versorgungsträger auf den Stichtag des Endes der Ehezeit vorliegen habe. Auch sei der Notar nicht in der Lage, eine Beurkundung einer unangemessenen Vereinbarung abzulehnen, er habe lediglich über die rechtliche Tragweite einer Vereinbarung zu belehren. Daraus folgt für die Notare:

- Sie haben gemäß § 17 Abs. 1 BeurkG den Sachverhalt nach bestem Wissen und Gewissen aufzuklären, insbesondere auf sachverständige Äußerungen zurückzugreifen oder eine Auskunft einzuholen, soweit konkrete Überlegungen zur jeweiligen Versorgungshöhe der Beteiligten anzustellen sind. Wünschen die Beteiligten dies – aus Zeitgründen – nicht, muß dem Wunsch nach sofortiger Beurkundung allerdings Rechnung getragen werden.

- Es ist nicht Aufgabe des Notars, den Versorgungsanspruch des Beteiligten selbst zu berechnen. Die rechtliche Tragweitenbelehrung erfaßt lediglich die allgemeine Belehrung über die Folgen einer Regelung, nicht die wirtschaftlichen Auswirkungen derselben (vgl. Zimmermann/Becker, FamRZ 1983, 1, 6f.).

- Der Notar hat bei der Sachverhaltsdarstellung auf die Erfordernisse der Geeignetheit und Angemessenheit im Sinne des § 1587o Abs. 2 Satz 4 BGB Rücksicht zu nehmen, also darzutun, welche Merkmale für die Angemessenheit der Regelung nach seiner und der Beteiligten Auffassung sprechen könnten. Er ist nicht in der Lage, die Angemessenheitsprüfung selbst durchzuführen.

- Die Möglichkeit, bei offensichtlich unangemessenen Regelungen die Beurkundung abzulehnen, besteht lediglich in den Grenzen des § 4 BeurkG. Eine offensichtlich sittenwidrige Regelung muß nicht protokolliert werden. Allein bei Zweifeln über die Wirksamkeit der Vereinbarung muß jedoch die notarielle Niederschrift aufgenommen werden. Nach den vorstehend dargestellten Grundsätzen sind Regelungen hin bis zum gänzlichen ersatzlosen Ausschluß des Versorgungsausgleichs nie pauschal als unwirksam erkennbar. Ein solcher Fall könnte allenfalls der offensichtliche Verstoß gegen das Manipulationsverbot des § 1587o Abs. 1 Satz 2 BGB sein, etwa die Vereinbarung einer krass-höheren Übertragung von Anwartschaften als gesetzlich vorgesehen.

– Der Notar sollte stets – auch bei Vereinbarungen vor Jahresfrist – die nach Auffassung der Beteiligten wesentlichen Gesichtspunkte für die Angemessenheit einer Regelung in die Niederschrift aufnehmen, um den Vorwurf mangelnder Ausübung der Formulierungs- und Belehrungspflicht zu vermeiden. Bei Vereinbarungen nach § 1587o BGB muß ohnehin die Darlegung der Angemessenheit im Detail erfolgen.

Die Genehmigung des Familiengerichts erfordert eine gewissenhafte Prüfung der Vereinbarung. Nach verbreiteter Meinung ist das Familiengericht vor Genehmigung einer Vereinbarung gehalten, exakte Versorgungsstände zu ermitteln, d.h. die Auskünfte der Versorgungsträger einzuholen, was mitunter zu bis zu halbjährigen Verzögerungen führt (Nachweise bei Soergel/Vorwerk, § 1587o Rdn. 10. Für großzügigere Schätzung Johannsen/Henrich-Hahne § 1587o Rdn. 23). Dies entspricht auch der zuvor dargestellten Aufgabenverteilung, wie das BVerfG sie sieht. Die Entscheidung des BVerfG stellt gleichwohl fest, daß das Merkmal der „Offensichtlichkeit" des § 1587o BGB den Vereinbarungsspielraum erweitere und die Familiengerichte von der Verpflichtung entbinde, einen bis ins einzelne gehenden Vergleich zwischen den sich aus dem Vertrag ergebenden Leistungen und dem Ergebnis eines fiktiv durchgeführten Versorgungsausgleichs vorzunehmen. (BVerfG, aaO, Seite 568) Nach BGH NJW 1994, 580 kann das Gericht davon ausgehen, daß die Parteien bei fachkundiger Beratung ihre gegenläufigen vermögensrechtlichen Interessen zum Ausgleich gebracht haben.

Daraus folgt:

– Die exakte Versorgungswertermittlung ist nur erforderlich, wenn nicht offensichtlich angesichts der Absicherung die in Frage stehende zu klärende Versorgung nur von untergeordnetem Wert ist.

Beispiel:

Verzicht des Ehemannes, der durch private Lebensversicherung abgesichert ist, auf Versorgungsausgleich gegenüber der Ehefrau, die lediglich vor der lange dauernden Ehe kürzere Berufstätigkeitszeiten aufweist.

– wenn es auf die Höhe etwa bestehender Anwartschaften angesichts der sonstigen Umstände nicht entscheidend ankommt.

Beispiel:

Auschluß des Versorgungsausgleichs des Ehemanns gemäß § 1587c BGB wegen schwerer Mißhandlungen.

– wenn Vorauskünfte oder Erkenntnisse vorliegen, die zur verläßlichen Versorgungsberechnung ausreichen.

Beispiel:

Der Ehemann ist Beamter des höheren Dienstes mit festgestelltem Besoldungsdienstalter. Eine Vorauskunft liegt vor. Auf den Versorgungsausgleich soll im Rahmen einer großzügigen Vermögensauseinandersetzung verzichtet werden.

Im Zweifel sind die Familiengerichte freilich gehalten, exakte Auskünfte einzuholen. Das Interesse der Beteiligten an einer schnellen Abwicklung des Verfahrens und u.U. die Wahrung der Vertraulichkeit der persönlichen Verhältnisse, die Anlaß für Vereinbarungen bieten kann, sollten jedoch gebührend berücksichtigt werden.

7.2 Formbedürftigkeit

Die notarielle Form für Versorgungsausgleichsvereinbarungen gemäß § 1410 BGB bzw. § 1587o Abs. 2 Satz 1 BGB dient der Sicherung der angemessenen Beratung und Belehrung der Beteiligten angesichts der Gefahr Nichtigkeit der Vereinbarung (vgl. Soergel/Vorwerk, § 1587o Rdn. 23). Es liegt ein ähnlicher Regelungszweck vor wie bei § 313 BGB. Es kann deshalb davon ausgegangen werden, daß die Formbedürftigkeit sich auf alle Teile der Gesamtvereinbarung erstreckt, die in einem rechtlichen Zusammenhang stehen (zu § 313 BGB vgl. Korte, DNotZ 1984, 3, 82 und Kanzleiter, aaO, Seite 421). Demnach sind bei Beurkundung der Vereinbarung alle noch nicht erledigten Scheidungsfolgenvereinbarungen beurkundungspflichtig, soweit sie schon abgesprochen sind und als Teil einer Gesamtvereinbarung erscheinen (vgl. Schwab, Handbuch, Rdn. 680; Langenfeld, Rdn. 517, RGRK-Wick § 1587o Rdn. 24). Im Gegensatz zur ehevertraglichen Vereinbarung sind bei einer Vereinbarung nach § 1587o BGB aber sowohl die getrennte Beurkundung von Angebot und Annahme als auch eine Stellvertretung möglich (RGRK-Wick, aaO).

Ungeklärt ist die Behandlung von Vereinbarungen **nach** der Scheidung über die Art der Erfüllung von Ausgleichspflichten, insbesondere über den schuldrechtlichen Versorgungsausgleich. Soweit es sich um Abwicklungsabsprachen handelt, dürfte die Formlosigkeit außer Zweifel stehen (Ratenzahlung etc.). Auch im übrigen ist der Regelungszweck der §§ 1408, 1587o BGB aber auf die Auseinandersetzung zur Herbeiführung der Scheidung beschränkt. Ergibt sich späterer Regelungsbedarf, ist ähnlich wie bei der Vermögensauseinandersetzung nach Scheidung der Ehe eine „ehevertragliche" Vereinbarung nicht mehr möglich.

Nach LG Freiburg, FamRZ 1984, 180, ist auch **vor** Scheidung eine Vereinbarung dahingehend, daß zur Durchführung des Versorgungsausgleichs gemäß § 1587b Abs. 3 (jetzt verfassungswidrig) entrichtete Beiträge unter den Eheleuten zu erstatten seien, form- und genehmigungsfrei (vgl. auch OLG Schleswig FamRZ 1986, 70). Die Vereinbarung war getroffen worden, weil ein vollständiger Ausschluß durch das Familiengericht wahrscheinlich nicht genehmigt worden wäre. Das OLG Stuttgart, FamRZ 1986, 1007, wendet hingegen § 1587o BGB an. Die Auffassung des LG Freiburg, eine Formbedürftigkeit bestehe nicht, weil keine richterliche Entscheidung ersetzt werden sollte, ist bedenklich. In der Sache prüft das LG aber die Angemessenheit der Regelung im Rahmen der §§ 134, 138 BGB und zieht hierzu die Vorschrift des § 1587o Abs. 2 Satz 4 BGB heran. Offen ist, ob ohne Scheidungszusammenhang die Form des § 1408 Abs. 1 eingehalten werden muß.

7.3. Auslandsberührung, deutsch-deutsche Fälle

Der Versorgungsausgleich findet, wenn zumindest ein Ehegatte **Ausländer** ist, nach Art. 17 III (17I, 14) EGBGB nach dem Recht des Scheidungsstatuts statt. Es entscheidet das Recht einer gemeinsamen Staatsangehörigkeit bei Rechtshängigkeit des Scheidungsantrages, hilfsweise das Recht des gemeinsamen gewöhnlichen Aufenthalts in dieser Zeit, sofern das Recht eines der Staaten, dem die Ehegatten angehören, einen Versorgungsausgleich kennt. Ist dies nicht der Fall, kann der Ausgleich gleichwohl auf Antrag eines Ehegatten durchgeführt werden, wenn entweder inländische Rentenanwartschaften erworben wurden oder nach dem Ehewirkungsrecht während der Ehe zeitweise ein Versorgungsausgleich möglich gewesen wäre und dessen Durchführung auch im Hinblick auf die nicht im Inland verbrachten Zeiten wirtschaftlich nicht unbillig wäre.

Beispiel:
A ist Belgier, er heiratet in Deutschland, seinem gewöhnlichen Aufenthaltsstaat, die Deutsche B. Diese erlangt nach Eheschließung die belgische Staatsangehörigkeit.

Der Versorgungsausgleich ist, da das belgische Recht ihn nicht kennt, nur unter den besonderen vorgenannten Voraussetzungen auf Antrag durchzuführen, weil zeitweise das deutsche Recht als Ehewirkungsstatut galt.

Beachte: Ein Versorgungsausgleich findet immer statt

– wenn deutsches Recht gilt und ausländische Rentenanwartschaften betroffen sind, die aber kalkulierbare Versorgungswerte darstellen,

– wenn im Ausland ohne Ausgleichsentscheidung geschieden wurde, die Voraussetzungen aber vorliegen. Das Verfahren wird im Inland nachgeholt.

Bei Beteiligung von **DDR-Bürgern** fand auch bisher schon ein Versorgungsausgleich statt, wenn die Ehe in den alten Bundesländern geschieden wurde. Sofern das Scheidungsstatut das DDR-Recht war, fand allerdings der Versorgungsausgleich „zur Zeit" nicht statt und wurde bei Zuzug auch des weiteren Ehegatten in die Bundesrepublik nachgeholt (BGH IPRax 1985, 37).

Generell ging man bei einem in der DDR lebenden Ausgleichsberechtigten jedoch davon aus, der Versorgungsausgleich werde sich nicht zu seinen Gunsten auswirken, § 1587b IV BGB, und überließ das Verfahren dem schuldrechtlichen Ausgleich. In diesen Fällen kann nunmehr auf Antrag gemäß § 10a I Nr. 3 VAHRG nachträglich der Wertausgleich durchgeführt bzw. geändert werden.

Im übrigen sieht Art. 234 § 6 des Einigungsvertrages nunmehr die Anwendung des Versorgungsausgleichs auch in den neuen Bundesländern vor, sofern nicht vor dem 1.1.1992 über die Scheidung rechtskräftig entschieden wurde. Ab dem 1.1.1992 gelten jedoch die Sonderregelungen des Versorgungsausgleichsüberleitungsg, die auf besondere „Angleichungsdynamik" der Einkommen abstellend den Ausgleich meist bis zur Einkommensansgleichung zurückstellen, § 2 VAÜG (hierzu Ruland NJW 1992, 77, 85).

C. Unterhaltsvereinbarungen

1. Getrenntlebensunterhalt

Fall: Eheleute A und B haben sich auseinandergelebt. Sie sind Eigentümer je zu 1/2 Anteil eines gemeinsamen Hauses. A zieht in das Appartement auf den 1. Stock und gewährt der B monatlich 500,- DM Unterhalt. Sie wollen ihre Verhältnisse in einer Vereinbarung regeln.

Es handelt sich um ein Getrenntleben im Sinne des § 1361 BGB. Unterhaltsansprüche sind nur begrenzt regelbar, weil das Verbot des Unterhaltsverzichts gemäß § 1361 Abs. 4, 1360a Abs. 3, 1614 BGB gilt. Gleichwohl bestehen folgende Regelungsansätze:

– Es kann das Getrenntleben als solches geregelt werden, hier z.B. die ausdrückliche Zuweisung des Wohnraums mit der Feststellung der Getrenntlebensabsicht.

Folge: es gelten nicht die Grundsätze des Familienunterhalts, sondern des Getrenntlebensunterhalts, unter anderem das Prinzip der Bedürftigkeit des Unterhaltsberechtigten. Die B könnte – soweit erwerbsfähig – sich nicht auf weitergehende Unterhaltsansprüche berufen.

– Es kann die Art des Unterhalts geregelt werden, hier z.B. die zur Verfügungstellung von Wohnraum. Da A hälftiger Miteigentümer ist, wird in Höhe der Hälfte des Nutzungswertes der Wohnung durch ihn Naturalunterhalt geleistet, ebenso umgekehrt. Denkbar wäre, dies aus Gründen der genaueren Bemessung des Unterhaltsbedarfs durch mietvertragliche Vereinbarungen zu regeln.

– Ungeachtet des Verbots des Unterhaltsverzichts kann auf eventuelle rückständige Unterhaltsleistungen verzichtet werden.

– Der Unterhaltsberechtigte kann unter Umständen auch in Fällen, in denen eine Erwerbstätigkeit nicht möglich ist, anders als bei Familienunterhalt auf die Möglichkeit der Unterhaltsdeckung durch Verwertung eigenen Vermögens oder den Einsatz künftiger Zuflüsse verwiesen werden.

Formulierung:

1. Die Beteiligten vereinbaren zum Zwecke der Aufhebung der häuslichen Gemeinschaft, daß das im ersten Stock des Anwesens Peterstraße 10 gelegene Appartement dem Ehemann zur alleinigen Nutzung zusteht. Umgekehrt behält die Ehefrau die ausschließliche Nutzung an der Wohnung im Erdgeschoß. Das Appartement wird an den Ehemann zu einem Mietpreis von 200,– DM zuzüglich Nebenkosten möbliert vermietet. Die Erdgeschoßwohnung wird an die Ehefrau zu einem monatlichen Mietpreis von 400,– DM zuzüglich Nebenkosten möbliert vermietet. Zum Zwecke der Vermietung bilden die Ehegatten eine Gesellschaft bürgerlichen Rechts.

2. Der Ehemann leistet an die Ehefrau einen monatlichen Unterhalt von 500,– DM. Hierauf wird ein Betrag von 100,– DM im Wege der Verrechnung der auf den Ehemann entfallenen anteiligen Miete für die Erdgeschoßwohnung angerechnet. Im Hinblick darauf, daß die Ehefrau nach Abschluß ihrer Berufsausbildung im Mai 1996 voll berufstätig sein kann, wird der Aufstockungsunterhalt von 400,– DM monatlich darlehensweise gewährt. Das Darlehen ist nach Kündigung des Darlehensgebers, frühestens jedoch zum 31.12.1996, unverzinst in einer Summe zur Rückzahlung fällig.

3. Der Unterhalt ist zum 1. eines Monats im voraus zahlbar, erstmals zum 1.10.1995, letztmals zum 1.5.1997. Wegen dieser Zahlungsverpflichtung unterwirft sich der Ehemann der Berechtigten gegenüber der sofortigen Zwangsvollstreckung aus dieser Urkunde.

4. Die Beteiligten verzichten wechselseitig auf die Geltendmachung von Unterhaltsansprüchen für die Vergangenheit. Sie nehmen diesen Verzicht wechselseitig an.

5. Die Beteiligten vereinbaren als Gerichtsstand für die Geltendmachung von Unterhaltsansprüchen Stuttgart, soweit nicht ein ausschließlicher Gerichtsstand gegeben ist.

Die notarielle Beurkundung mit Vollstreckungsunterwerfung empfiehlt sich deshalb, weil bei Vorliegen eines Unterhaltstitels für eine Unterhaltsklage das Rechtsschutzbedürfnis fehlt. Die Gerichtsstandsvereinbarung ist bei isolierten Unterhaltsverfahren unter Umständen im Hinblick auf die unterschiedliche Rechtsprechung zur Unterhaltsberechnung sinnvoll. Zweifelhaft ist, ob die Grundlagen der Unterhaltsberechnung selbst Gegenstand der Vereinbarung sein sollen. Handelt es sich um einen Fall, in dem die Unterhaltsbedürftigkeit zweifelsfrei feststeht, so ist die Aufnahme der Berechnungsgrundlagen unter Umständen deshalb empfehlenswert, weil durch Nachvollzug der Berechnung jederzeit ermittelt werden kann, ob die titulierte Forderung zur Deckung des Bedarfs ausreicht.

Getrenntlebensunterhalt und nachehelicher Unterhalt sind nicht identisch (BGH FamRZ 1982, 465). Soll die Unterhaltsregelung über die eventuelle Scheidung hinaus andauern, muß dies ausdrücklich vereinbart werden.

2. Nachehelicher Unterhalt

2.1 Grundsätzliches

Verträge über den nachehelichen Unterhalt sind zu jeder Zeit zulässig, § 1585c. Sie sind formfrei, wenn nicht aus Gründen des Zusammenhangs mit anderen Vereinbarungen Formbedürftigkeit besteht, z.B.

C. Unterhaltsvereinbarungen

– im Zusammenhang mit einer Vereinbarung zur einverständlichen Scheidung gemäß § 630 Abs. 1 Nr. 3 in Verbindung mit § 794 Abs. Nr. 5 ZPO,
– bei Zusammenhang mit formbedürftigen Vereinbarungen z.b. des Güterrechts oder nach § 1587o BGB,
– wenn eine Leibrente vereinbart wird, § 761 BGB.

Wird im Zusammenhang einer Scheidungsvereinbarung ein beurkundungsbedürftiger Teil geregelt, wird entsprechend der Rechtsprechung zu § 313 BGB der Gesamtzusammenhang der Vereinbarungen beurkundungsbedürftig. Bei isolierter Vereinbarung z.B. eines Unterhaltsverzichts droht Nichtigkeitsgefahr.

Geregelt werden kann der Unterhalt im Sinne der §§ 1569 ff. BGB. Eine Vereinbarung, die auf abweichende – im anzuwendenden Fall nicht geltende – Regelungen anderer oder früherer Rechtsordnungen abstellt, muß alle Regelungen ausdrücklich gestalten, vgl. auch § 1409 BGB (Ludwig DNotZ 1982, 651, 652 ff.)

Fall: A und B wollen vereinbaren, daß Unterhalt nur gewährt wird, sofern der Unterhalt begehrende Ehegatte das Scheitern der Ehe nicht (überwiegend) verschuldet hat.

Die Vereinbarung kann nicht unter Bezugnahme auf §§ 58 ff. Ehegesetz alter Fassung formuliert werden, sondern bedarf ausdrücklicher Ausführungen.

Formulierung:

„Für den Fall der Scheidung unserer Ehe wird nachehelicher Unterhalt nur gewährt, wenn zum Zeitpunkt der Scheidung unserer Ehe der unterhaltsberechtige Ehegatte nicht überwiegend das Verschulden an der Scheidung der Ehe getragen hat. Zur Auslegung des überwiegenden Verschuldens gelten die Grundsätze zu §§ 42, 43 Ehegesetz alter Fassung. Liegt ein überwiegendes Verschulden nicht vor, verbleibt es bei den z.Z. geltenden gesetzlichen Vorschriften."

2.2 Umfassender Unterhaltsverzicht

Ein umfassender Unterhaltsverzicht ist grundsätzlich zulässig. Er entspricht dem Grundsatz des § 1569 BGB, daß nach der Scheidung jeder Ehegatte für seinen Unterhalt selbst verantwortlich ist. Schranken ergeben sich aus §§ 138, 242 BGB in folgenden Fällen:

— der Verzicht darf nicht zu Lasten eines Dritten, insbesondere des Sozialhilfeträgers gehen (BGH FamRZ 1983, 137, 139; NJW 1991, 913). Schädigungsabsicht ist nicht erforderlich, es genügt die objektive Bedarfslage und die Kenntnis eines der Beteiligten hiervon.

— Der Unterhaltsverzicht darf nicht als Gegenleistung zur Übertragung eines Sorge- oder Umgangsrechts erscheinen (Tauschobjekt, vgl. Göppinger/Wenz/Märkle, aaO., Rdn. 317).

— Allgemein besteht Unwirksamkeitsgefahr bei Ausnutzen einer Zwangslage eines Beteiligten (vgl. Karlsruhe FamRZ 1983, 174) z.B. im Zusammenhang mit Ausländern und aufenthaltsrechtlicher Problematik.

— Es kann gegen Treu und Glauben verstoßen, sich auf einen Unterhaltsverzicht zu berufen, wenn der Verzicht auch den Kindesbetreuungsunterhalt gemäß § 1570 BGB umfaßt und dies sich nachteilig auf die Kinderbetreuung auswirken würde (BGH FamRZ 1992, 1403; 1995, 291 m.w.N.). Trotz Verzichts kann mindestens der notwendige Unterhalt (Mindestbedarf nach Düsseldorfer Tabelle) verlangt werden.

— Im Zusammenhang mit § 1587o Abs. 2 Satz 4 BGB kann bei gleichzeitigem Verzicht auf Versorgungsausgleich und Unterhaltsverzicht eine objektiv unbillige und unangemessene Regelung entstehen, die zur Verweigerung der Genehmigung des Familiengerichts führt.

Im letzten Fall empfiehlt es sich, die tatsächlichen Angaben, die gegen eine Unbilligkeit der Regelung sprechen, in die Vereinbarung aufzunehmen. Im übrigen sind die genannten Sachverhalte, sofern Anhaltspunkte für sie vorliegen, in einer Vereinbarung nicht heilbar, mithin Angaben hierzu nur ein Grund, über die Un-

C. Unterhaltsvereinbarungen

wirksamkeit der Vereinbarung nachzudenken. Bei notarieller Beurkundung einer entsprechenden Vereinbarung ergibt sich aber unter Umständen eine Prüfungs- und Belehrungspflicht des Notars, die zur Aufnahme entsprechender Belehrungsvermerke in die Urkunde führt.

Merke: Ein vollständiger Unterhaltsverzicht sollte auch klären, ob und inwieweit eine spätere Abänderung wegen Wegfalls der Geschäftsgrundlage ausgeschlossen ist (vgl. BGH FamRZ 1987, 46).

Die Frage ist insbesondere bei vorsorgenden Vereinbarungen von Bedeutung, wenn sich die gemeinsame Lebensplanung ändert, z.B. Kinder geboren werden. Bei Scheidungsvereinbarungen sollte eine Veränderbarkeit generell ausdrücklich ausgeschlossen werden, sofern ein Verzicht Gegenstand ist.

Formulierung (vorsorgende Vereinbarung):

> „Die Beteiligten verzichten wechselseitig auf jeglichen nachehelichen Unterhalt. Sie nehmen diesen Verzicht wechselseitig an. Vorstehende Vereinbarung soll auch bei einer Änderung der tatsächlichen und rechtlichen Verhältnisse keinerlei Abänderung unterliegen."

Der generelle Unterhaltsverzicht erstreckt sich auf alle Arten des nachehelichen gesetzlichen Unterhalts. Nach wie vor ist üblich, in Anlehnung an die frühere Rechtslage auch auf den notdürftigen Unterhalt zu verzichten. Wird aber überhaupt eine Einzelaufzählung von Unterhaltsarten vorgenommen, muß sie vollständig sein und sich auf alle Unterhaltsarten beziehen, die nach der Rechtsprechung selbständig angeknüpft werden, etwa

– den Alters-, Kranken- und Pflegevorsorgeunterhalt gemäß § 1578 Abs. 2, 3 BGB,

– den selbständig wiederauflebenden Unterhaltsanspruch nach Scheidung einer weiteren Ehe, § 1586a BGB.

C. Unterhaltsvereinbarungen

Formulierung:

„Die Beteiligten verzichten wechselseitig auf jeglichen Unterhalt, einschließlich des Unterhalts im Falle der Not, des Alters-, Kranken- und Pflegevorsorgeunterhalts und des Unterhalts im Falle der Wiederverheiratung und anschließenden Scheidung. Sie nehmen diesen Verzicht wechselseitig an.

Eine Abänderung der Vereinbarung ist auch bei Änderung der tatsächlichen oder rechtlichen Verhältnisse ausgeschlossen."

Ein genereller Unterhaltsverzicht ist im Hinblick auf § 5 des Gesetzes zur Regelung von Härten im Versorgungsausgleich (VAHRG) unter Umständen nachteilig. Danach werden im Rentenalter bei einem Versorgungsausgleichspflichtigen Kürzungen der Versorgung aufgrund Versorgungsausgleichs nicht vorgenommen, solange der Ausgleichsberechtigte noch keine eigene Rente bezieht, der Ausgleichspflichtige ihm aber Unterhalt leisten muß. Die Kürzung der Versorgung aufgrund Versorgungsausgleichs wird im Falle der Unterhaltsleistung unabhängig von der Höhe des geleisteten Unterhalts rückgängig gemacht (BT-Drucksache 9/2296 Seite 14). Voraussetzung ist, daß überhaupt ein gesetzlicher Unterhaltsanspruch besteht, ein bloß vertraglich vereinbarter reicht nicht aus (OVG Rheinland-Pfalz FamRZ 1990, 102). Bei Verzicht gegen Kapitalabfindung greift § 5 VAHRG auch ein, wenn nicht in der Vereinbarung erkennbar eine zeitlich begrenzte Unterhaltspflicht unterstellt wurde und somit ab diesem Zeitpunkt § 5 nicht mehr einschlägig ist (BGH NJW 1994, 2374).

Formulierung:

„Solange die Ehefrau aus dem zu ihren Gunsten durchzuführenden Versorgungsausgleich keine Rente erhält, der Ehemann jedoch Rente bezieht, besteht ein Unterhaltsanspruch der Ehefrau in der Höhe, in der sich die Rente des Ehemannes gemäß § 5 VAHRG erhöht, sofern die Ehefrau unterhaltsbedürftig ist."

Ohne die Einschränkung auf Bedürftigkeit könnten Bedenken bestehen, ob eine solche Vereinbarung als Vertrag zu Lasten Dritter (Versorgungsträger) zu betrachten ist, s.o.

Der Unterhaltsverzicht im Rahmen einer Scheidungsvereinbarung folgt den Bedingungen der Vereinbarungen, insbesondere dann, wenn die Vereinbarung nur für ein konkretes Scheidungsverfahren getroffen ist. Unklarheiten ergeben sich bei Rücknahme des Scheidungsantrages.

Formulierung:

„Die vorstehende Verzichtsvereinbarung gilt für jeglichen nachehelichen Unterhalt unabhängig davon, ob der z.Z. anhängige Scheidungsantrag zur Scheidung der Ehe führt.

Oder:

Die Vereinbarung gilt nur für den Fall der einverständlichen Scheidung gemäß § 1566 Abs. 1 BGB aufgrund des derzeit anhängigen Scheidungsantrages."

2.3 Verzicht gegen Gegenleistung (Schuldumschaffung)

Vorfrage bei allen inhaltlich gestalteten Unterhaltsvereinbarungen ist, ob der gesetzliche Unterhaltstatbestand nur ausgestaltet oder die Leistungspflicht hiervon unabhängig rechtlich neu gestaltet werden soll, also der **Schuldgrund noviert** wird. Handelt es sich nicht lediglich um eine Ausgestaltung des gesetzlichen Unterhalts sondern um neu geschaffene Leistungspflichten, führt dies zu folgenden Unterschieden:

- die Vorschriften für gesetzliche Unterhaltsansprüche haben lediglich Bedeutung für die Vertragsauslegung,

- es handelt sich verfahrensrechtlich nicht um eine Familiensache, so daß z.B. ein Rechtsstreit bei Anhängigwerden eines Scheidungsantrages nicht an das ausschließlich zuständige Familiengericht abgegeben werden muß,

- Pfändungsschutz und Pfändungsvorrecht nach §§ 850, 850d ZPO gelten nicht,
- § 323 ZPO gilt nur, wenn die Gegenleistung ausdrücklich als regelmäßig wiederkehrende künftige Leistung, z.B. Leibrente, vereinbart ist,
- steuerlich ist eine von Unterhaltsleistungen abweichende Behandlung möglich.

Soll eine Schuldumschaffung erfolgen, muß dies als Ausnahmetatbestand in der Vereinbarung klar geregelt werden. Auch sollte im Hinblick auf die zu Unterhaltsvereinbarungen bestehenden Vorschriften, z.B. § 1586b BGB, deren entsprechende Anwendung teilweise vertreten wird (vgl. Soergel/Häberle § 1586b Rdn. 4), ausdrücklich ein Ausschluß erklärt werden.

Formulierung:

„Die Beteiligten verzichten wechselseitig auf alle gesetzlichen Unterhaltsansprüche einschließlich des Unterhalts im Falle der Not, des Kranken-, Pflege- und Altersvorsorgeunterhalts und des Unterhalts im Falle der Wiederverheiratung und anschließenden Scheidung. Sie nehmen diesen Verzicht wechselseitig an.

Die Ehefrau erhält statt dessen auf die Dauer von 10 Jahren, erstmals zum 1.10.1995, zum ersten eines Monats im voraus, längstens jedoch auf ihre Lebzeit eine Leibrente von 400,- DM monatlich. Auf diese Leibrente sind die gesetzlichen Bestimmungen für Unterhaltsleistungen und Unterhaltsvereinbarungen auch nicht entsprechend anwendbar...(Es folgen evtl. Wertsicherung und Vollstreckungsunterwerfung.) Diese Vereinbarung soll auch bei Änderung der tatsächlichen oder rechtlichen Verhältnisse nicht abänderbar sein, § 323 ZPO ist ausgeschlossen."

Als **Gegenleistungen** kommen alle geldwerten Leistungen in Betracht, insbesondere

- Leibrenten,
- Darlehen,
- Übertragung von Vermögensgegenständen,

- Einräumung des Nießbrauchs oder eines Nutzungsrechts bzw. Gebrauchsüberlassung.

Bei Vereinbarung künftiger Leistungen ist auch im Falle der Schuldumschaffung stets zu prüfen:

soll die Leistungspflicht

- bei Tod des Berechtigten, vgl. § 1586
- bei Tod des Verpflichteten, vgl. § 1586b
- bei Eintritt eines sonstigen Ereignisses, z.B. Wiederverheiratung, vgl. §§ 1586, 1556a

enden? Handelt es sich um eine wirtschaftlich kalkulierte Gegenleistung, wird diese oft unabhängig vom Bedürfnis und der Lebenszeit eines Beteiligten auf künftige Leistungen verteilt.

Wird der gesetzliche Unterhalt lediglich ausgestaltet, gelten die genannten Vorschriften zwar unmittelbar, sind jedoch für eine sachgerechte Gestaltung von Vereinbarungen ebenfalls stets positiv auf ihre Anwendbarkeit hin zu prüfen.

2.4 Unterhaltsverzicht unter Bedingungen

Soweit ein Unterhaltsverzicht generell möglich ist, sind auch als minus bedingte Vereinbarungen zulässig. Sie sind oft sinnvoll, um die Reichweite des Regelungswillens zu beschreiben, vor allem bei vorsorgenden Vereinbarungen unabhängig von der Scheidung. Was ausdrücklich geregelt werden kann, sollte nicht der Lehre vom Wegfall der Geschäftsgrundlage überlassen werden. Rechtstechnisch stellt sich stets die Vorfrage, ob ein automatischer Bedingungseintritt vereinbart werden soll oder einer der Beteiligten sich den Rücktritt vorbehält.

Fall: A und B wollen heiraten. Beide sind berufstätig und wollen eine eigenverantwortliche Lebensführung beibehalten. Sie wollen eine Ehevertrag schließen, in dem sie sämtliche Scheidungsfolgen abbedingen.

Mit den Beteiligten muß erörtert werden, ob in einer solchen Vereinbarung alle Lebenssituationen gebührend Berücksichtigung finden. Insbesondere ist der Fall zu berücksichtigen, daß aus der Ehe Kinder hervorgehen. Es genügt dann möglicherweise, den Kindesbetreuungsunterhalt vom Ausschluß auszunehmen, weil sich die soziale Biographie der Ehefrau möglicherweise grundlegend ändert.

Formulierung:

„Der Verzicht entfällt, wenn aus der Ehe der Beteiligten Kinder hervorgehen, mit der Geburt des ersten Kindes.

Oder:

Der Verzicht entfällt, wenn aus der Ehe der Beteiligten Kinder hervorgehen und die Ehefrau deshalb ihre Berufstätigkeit aufgibt oder auf mehr als die Hälfte der branchenüblichen Arbeitszeit reduziert.

Oder:

Die Ehefrau behält sich den Rücktritt von dieser Vereinbarung vor, wenn aus der Ehe der Beteiligten Kinder hervorgehen. Der Rücktritt bedarf der Schriftform. Das Rücktrittsrecht erlischt mit Vollendung des 6. Lebensjahres des jüngsten Kindes."

Weitere Situationen für auflösende Bedingungen oder ein Rücktrittsrecht sind:

– die Wiederverheiratung des Unterhaltsberechtigten,

– Verlust oder Nichterreichen einer beruflichen Qualifikation oder Position.

Ferner ist insbesondere bei vorsorgenden Vereinbarungen an Bedingungen im Hinblick auf die Dauer die Ehe und die Art einer künftigen Scheidung zu denken:

Formulierung:

„Vorstehende Unterhaltsvereinbarung entfällt, wenn die Ehe der Beteiligten zur Zeit der Stellung eines Scheidungsantrages, der zur Scheidung der Ehe führt, nicht mindestens fünf Jahre bestanden hat.

Oder:

Vorstehende Unterhaltsvereinbarung gilt nur, wenn der Unterhaltsberechtigte im Falle eines Scheidungsantrages des Unterhaltspflichtigen diesem gemäß § 1566 Abs. 1 BGB zustimmt."

2.5 Sonstige Modifizierungen

Modifizierungen des gesetzlichen Unterhaltsanspruchs sind vielfältig möglich. In Betracht kommen z.B.

- **Befristungen** (vgl. z.B. § 1573 Abs. 5).

Formulierungen:

„Nacheheliche Unterhaltsansprüche können nur für einen Zeitraum geltend gemacht werden, der der Dauer der geschiedenen Ehe entspricht.

Oder:

Ein Unterhaltsanspruch wegen Kindesbetreuung gemäß § 1570 BGB besteht nur für den Zeitraum bis zur Vollendung des 6. Lebensjahres des bzw. des jüngsten Kindes,

Oder:

solange mindestens zwei Kinder unter 12 Jahren vorhanden sind, ansonsten bis zur Vollendung des 6. Lebensjahres des bzw. des jüngsten Kindes,

Oder:

ab Vollendung des 6. Lebensjahres des jüngsten Kindes nur in dem Umfang, in dem sich Unterhaltsbedarf bei Aufnahme einer Teilzeitbeschäftigung von mindestens 20 Wochenstunden durch die Unterhaltsberechtigte in ihrer Branche ergäbe, ungeachtet der Aufnahme oder der Möglichkeit der Aufnahme einer solchen.

Merke:

Bei einer zeitlich begrenzten Gewährung von Unterhalt wegen Kindesbetreuung kann sinnvoll sein, auch andere Unterhaltstatbestände im Anschluß zur sozialen Absicherung des betreuenden Ehegatten zu berücksichtigen.

Formulierungen:

„Im Anschluß an die Kindesbetreuung besteht ein Unterhaltsanspruch gemäß §§ 1573, 1575 BGB, längstens jedoch auf die Dauer von 3 Jahren.

Oder

Vorstehende Unterhaltsvereinbarung entfällt mit Vollendung des 65. Lebensjahres durch den Unterhaltspflichtigen.

Oder:

Vorstehende Unterhaltsvereinbarung entfällt mit Ablegung der 2. juristischen Staatsprüfung durch den Unterhaltsberechtigten, spätestens jedoch mit Vollendung des 30. Lebensjahres durch diesen."

– **Beschränkung auf bestimmte Unterhaltsarten**

Formulierung:

„Gesetzliche Unterhaltsansprüche werden auf den Kindesbetreuungsunterhalt gemäß § 1570 BGB beschränkt.

Oder:

... auf den Unterhalt wegen Alters gemäß § 1571 BGB beschränkt, der ab Vollendung des 60. Lebensjahres verlangt werden kann.

Oder:

Ein Unterhaltsanspruch wegen Arbeitslosigkeit gemäß § 1573 BGB ist ausgeschlossen.

Oder:

Ausgeschlossen werden der Anspruch auf Altersvorsorgeunterhalt gemäß § 1578 Abs. 3 BGB sowie Unterhaltsansprüche wegen Sonderbedarf.

Oder:

Ein Aufstockungsunterhalt ist ausgeschlossen, sofern die Bruttobezüge aus nichtselbständiger Arbeit nach Berücksichtigung aller Steuerfreibeträge bzw. $1/12$ des zu versteuernden Jahreseinkommens den Betrag von 1500,– DM überschreiten. Im übrigen findet eine Aufstockung nur bis zu diesem Betrag statt.

Oder:

Der Unterhaltsanspruch gemäß § 1586a BGB nach Auflösung einer späteren Ehe entfällt/besteht nur, soweit der spätere Ehegatte auch unter Berücksichtigung des Billigkeitsunterhalts gemäß § 1581 sowie bei Verwertung seines Vermögens außerstande wäre, angemessenen Unterhalt zu gewähren."

– **Änderungen des Unterhaltsmaßes**

Vorbemerkung: Das Maß des Unterhalts bestimmt sich nach den ehelichen Lebensverhältnissen, § 1578 BGB. Maßgeblich sind die Einkommensverhältnisse beider Ehegatten, die als dauernder Bestand in der Ehe vorhanden waren (BGH FamRZ 1983, 146). Eine außergewöhnliche Steigerung der Einkommensverhältnisse während der Trennungszeit bleibt außer Betracht, wenn sie nicht auf einer normalen Lebensplanung beruhte (BGH FamRZ 1982, 892, 893), insbesondere wenn die Erwerbstätigkeit erst nach der Trennung aufgenommen wurde und ohne die Trennung normalerweise nicht aufgenommen worden wäre (BGH FamRZ 1988, 256). Voraussetzung eines Unterhalts sind Leistungsfähigkeit des Pflichtigen und Bedürftigkeit des Berechtigten. Bei der Beurteilung sind alle Einkünfte, auch Vermögenseinkünfte zu berücksichtigen. Auf beiden Seiten ist eine Verwertung des Vermögens im Rahmen der Billigkeit zumutbar, §§ 1577 Abs. 3, 1581 Abs. 2 BGB, gegebenenfalls ist es auch zur Kreditaufnahme einzusetzen (BGH FamRZ 1982, 678). Im

Innenverhältnis zu tragende Schulden sind bei der Leistungsfähigkeit zu berücksichtigen (BGH FamRZ 1984, 657). Steuervorteile sind wahrzunehmen und werden gegebenenfalls fiktiv angesetzt (Bamberg, FamRZ 1987, 1031). Steuerliche Abschreibungen werden im Zweifel nicht berücksichtigt (Soergel/Lange § 1361 Rdn. 25). Eine Unterhaltspflicht entfällt, wenn und soweit dem Unterhaltspflichtigen nicht mehr verbleibt als der notwendige Selbstbehalt (vgl. § 1603 Abs. 2), nach anderen Gerichten der angemessene Selbstbehalt (vgl. § 1603 Abs. 1), die je nach Rechtsprechung zwischen 1000,– DM und 1500,– DM liegen.

Zur Unterhaltsberechnung ist das bereinigte Nettoeinkommen aller berücksichtigungspflichtigen Einkünfte zu ermitteln. Je nach Rechtsprechung erhält der Unterhaltspflichtige hiervon $3/7$, bei Rentnern 50% (Düsseldorfer Tabelle, vgl. NJW 1995, Beilage zu Heft 11) bzw. $2/5$ und 50% oder einen Zuschlag für berufsbedingte Mehraufwendungen von 10% bei Unterhaltspflichtigen. Ist der Unterhaltsberechtigte berufstätig, wird sein Einkommen nach der **Differenzmethode** berücksichtigt, er erhält den genannten Prozentsatz vom Unterschiedsbetrag der ermittelten Nettoeinkommen, es sei denn, der Berechtigte ist erst wegen der Trennung berufstätig geworden, was zur **Anrechnungsmethode** führt, also der Ermittlung des Unterhalts und der schlichten Subtraktion des Nettoeinkommens des Pflichtigen (BGH FamRZ 1984, 356). Arbeitet der Berechtigte über das zumutbare Maß hinaus, sind seine Einkünfte jedoch nur im Rahmen der Billigkeit zu berücksichtigen, § 1577 Abs. 2.

Merke:

Die Anwendung der Anrechnungsmethode sollte im Einzelfall genau auf Sachgerechtigkeit hin überprüft werden. Eine Anrechnung eigenen Einkommens in voller Höhe nimmt dem Unterhaltsberechtigten die Motivation, sich nach Kräften um eine Erwerbstätigkeit zu bemühen.

Der Altersvorsorgeunterhalt, § 1578 Abs. 3 BGB, wird berücksichtigt, indem man beim Unterhaltsberechtigten aus dem Unterhalt (zuzüglich anteilig eigener Einkommen) unter Aufstockung mit fiktiven Steuer- und Sozialversicherungsabgaben ein fiktives Bruttoeinkommen ermittelt und daraus den Vorsorgebetrag errechnet, der dem Prozentsatz entspricht, der bei sozialversicherungspflichtiger Beschäftigung der gesetzlichen Rentenversicherung zufließt. Der so ermittelte Vorsorgeunterhalt wird vom Einkommen des Unterhaltspflichtigen bzw. der Differenz zwischen den Einkommen von Berechtigtem und Verpflichtetem vorweg abgezogen. Dann wird der Unterhaltsanspruch als Quote aus dem verbleibenden Rest des Einkommens des Unterhaltspflichtigen bzw. der Differenz beider Einkommen ermittelt (Bremer Tabelle, FamRZ 1995, 146). Der Vorsorgeunterhalt ist – ohne Bestimmungsrecht des Pflichtigen – zweckgewidmet anzulegen (BGB FamRZ 1982, 1187).

Gleiches gilt für den Krankenvorsorgeunterhalt, § 1578 Abs. 2 BGB, der ebenfalls nicht im Elementarunterhalt enthalten ist (BGH FamRZ 1983, 676). Der nach Einführung der Pflegeversicherung geschuldete Pflegevorsorgeunterhalt ist dem Krankenvorsorgeunterhalt zuzurechnen (Gutdeutsch FamRZ 1994, 878, Büttner FamRZ 1995, 193).

Merke:
Werden Krankenvorsorge- oder Altersvorsorgeunterhalt vereinbart, sind sie im Hinblick auf die Wechselwirkung zur Elementarunterhaltsberechnung gesondert auszuweisen.

Sind gemeinschaftliche minderjährige Kinder vorhanden, wird der an diese zu zahlende Unterhalt in Höhe der einschlägigen Unterhaltstabelle vom Nettoeinkommen des Pflichtigen vorweg abgezogen, in Mangelfällen allerdings nur in Höhe des Mindestbedarfs (§ 1610 Abs.3 BGB). Volljährige Kinder sind dann nicht vorrangig zu berücksichtigen, wenn und soweit der angemessene Unterhalt des Berechtigten nicht mehr gewährleistet ist (BGH FamRZ, 1986, 553). Anders als im unteren Bereich durch den angemessenen Selbstbehalt des Unterhaltspflichtigen ist der Unterhaltsanspruch im Oberbereich nicht durch eine Obergrenze (Sättigungsgrenze) beschränkt.

Aus vorstehender Zusammenstellung folgt, in welchen Bereichen Unterhaltsvereinbarungen sinnvoll sein können, z.B.:

Formulierungen:

> „Für die Bemessung des nachehelichen Unterhalts (Retrospektiv: bei vorstehender Unterhaltsberechnung) gelten für

die Festlegung des Unterhaltsmaßes als Maß die ehelichen Lebensverhältnisse, die zum Zeitpunkt der Trennung der Ehegatten im Sinne des § 1361 BGB bestanden haben.

Oder:

... gelten für die Festlegung des Unterhaltsmaßes die Verhältnisse, die zum Zeitpunkt der Trennung der Ehegatten im Sinne des § 1361 BGB bestanden hätten, wenn der Ehemann am letzten gemeinsamen Wohnsitz als Beamter der Besoldungsgruppe A 12 unter Berücksichtigung seiner familiären Verhältnisse und einem Dienstalter ab Vollendung des 21. Lebensjahres beschäftigt gewesen wäre.

Oder:

... gelten zur Festlegung des Unterhaltsmaßes auf Seiten der Berechtigten die Verhältnisse einer angestellten Krankenschwester im öffentlichen Dienst nach Vergütungsgruppe VI b BAT.

Oder:

Bei Festlegung des Maßes des nachehelichen Unterhalts werden auf Seiten des Unterhaltspflichtigen Einkünfte, die nicht auf seiner Beschäftigung als Angestellter der ABC-GmbH oder einer an die Stelle dieser Beschäftigung tretenden hauptberuflichen Tätigkeit beruhen, nicht berücksichtigt.

Oder:

... sind die Mieterträge aus dem Hausanwesen Peterstraße 10, 50668 Köln, außer Ansatz zu lassen, ebenso die hieraus erwachsenden steuerlichen Abschreibungen.

Oder:

... sind auf Seiten des Unterhaltsberechtigten Einkünfte aus nichtselbständiger Tätigkeit, die dieser nach Trennung im Sinne des § 1361 BGB aufgenommen hat, nicht zu berücksichtigen.

Oder:

... scheidet ein Aufstockungsunterhalt auf Seiten des Unterhaltsberechtigten aus, wenn seine Einkünfte aus nichtselbständiger Tätigkeit brutto 2500,- DM übersteigen (eventuell Anpassungsklausel).

Oder:

... sind die Einkünfte des Unterhaltsberechtigten aus Kapitalerträgen und Vermietung und Verpachtung weder als positive noch als negative/nur als positive Einkünfte zu berücksichtigen.

Oder:

... sind auf Seiten des Unterhaltsberechtigten Zins- und Tilgungsverbindlichkeiten betreffend das Hausobjekt Peterstraße 10, 50668 Köln, nicht zu berücksichtigen/Tilgungsleistungen nicht zu berücksichtigen/Zinsleistungen nur zu berücksichtigen, soweit sie sieben vom Hundert jährlich übersteigen.

Oder:

Nachehelicher Unterhalt wird nur geschuldet, wenn der Unterhaltsberechtigte nicht über verwertbare Vermögensbestandteile verfügt (Bar- und Kapitalvermögen einschließlich Beteiligungen, Immobiliarvermögen), deren Wert insgesamt 100.000,- DM übersteigt.

Oder:

Bei Festlegung des Maßes des nachehelichen Unterhalts verbleibt dem Unterhaltspflichtigen ein Selbstbehalt von 4.000,- DM monatlich, solange der Verkehrswert des Vermögens des Unterhaltspflichtigen (Bar- und Kapitalvermögen einschließlich Beteiligungen, Immobiliarvermögen) 100.000,- DM übersteigt. Maßgeblich für die Berechnung ist der Verkehrswert.

Oder:

Bei Ermittlung des nachehelichen Unterhalts steht dem Unterhaltspflichtigen lediglich ein Unterhaltsanspruch in Höhe von ⅓ des bei Bemessung der Unterhaltspflicht zugrundeliegenden Einkommen des Unterhaltspflichtigen zu/... ⅓ der Differenz der zugrundezulegenden beiderseitigen Einkommen zu.

Oder:

... werden Einkünfte des Unterhaltsberechtigten in der berücksichtigungsfähigen Höhe unmittelbar auf den aus dem Einkommen des Unterhaltspflichtigen für den Fall, daß der Berechtigte keine berücksichtigungsfähigen Einkünfte hätte, ermittelten Unterhaltsanspruch angerechnet (Anrechnungsmethode).

Oder:

Bei Bemessung des nachehelichen Unterhalts werden Zahlungen aufgrund gesetzlicher Unterhaltspflichten gegenüber unterhaltspflichtigen Abkömmlingen – gleich welchen Alters – vorweg abgezogen.

Zum Altersvorsorgeunterhalt:

Bei Festlegung des nachehelichen Unterhalts werden Altersvorsorgeunterhalt und Krankenversicherungsunterhalt nur geschuldet, wenn und soweit dem Unterhaltsberechtigten nach Abzug von Unterhaltsleistungen an eheliche Kinder mindestens ein Selbstbehalt von 2.500,– DM verbleibt.

Oder:

In vorstehender Unterhaltsvereinbarung sind 178,20 DM Altersvorsorgeunterhalt und 98,– DM Krankenvorsorgeunterhalt einschließlich Pflegevorsorge enthalten. Diese Beträge ändern sich nur, wenn und soweit sich die zugrundegelegten Abführungsprozentsätze für die betreffenden Versorgungsträger ändern und werden von Änderungen des Unterhalts im übrigen künftig nicht berührt. Der Unterhaltsberechtigte ist verpflichtet, den Krankenvorsorgeunterhalt zur Unterhaltung einer Krankenversicherung zu verwenden, die im Leistungsumfang mindestens den Regelleistungen der Allgemeinen Ortskrankenkassen vergleichbar ist. Der Altersvorsorgeunterhalt ist zweckgebunden und darf nur zur

> Einzahlung in die gesetzliche Rentenversicherung oder eine private Lebensversicherung verwendet werden, die Leistungen wegen Alters ab dem Alter 60 und wegen Berufs- und Erwerbsunfähigkeit vorsieht.
>
> Obergrenze:
>
> Nachehelicher Unterhalt – gleich welcher Art und/oder Zweckwidmung – wird auf einen monatlichen Betrag von 4000,– DM beschränkt."

Der früher häufig verwendete Begriff des Unterhalts „im Falle der Not" – gemeint war der **notdürftige Unterhalt** gemäß § 65 EheG a.F. – sollte heute genauer definiert werden, um klarzustellen, ob bei einem Verzicht im übrigen lediglich der Wegfall der Geschäftsgrundlage gemeint ist oder das Maß des ehelichen Unterhaltes. Nach BGH (FamRZ 1980, 1104) kann als Maß des ehelichen Unterhalts in diesen Fällen das zur Abwendung der Notlage Erforderliche verstanden werden, wohl der notwendige Unterhalt im Sinne des notwendigen Eigenbedarfs der Düsseldorfer Tabelle. Dies sollte man ausdrücklich vereinbaren.

Formulierung:

> „Nachehelicher Unterhalt wird auf das zum Lebensunterhalt Unerläßliche (notdürftiger Unterhalt) beschränkt. Der hierzu notwendige Unterhalt bemißt sich im Zweifel nach dem notwendigen Eigenbedarf gemäß Düsseldorfer Tabelle oder eine an deren Stelle tretende Unterhaltstabelle."

Insbesondere bei konkreten Unterhaltsberechnungen ist davon auszugehen, daß deren Überprüfung zum Zwecke der Anpassung an die Änderung der Verhältnisse (siehe hierzu sogleich) von Zeit zu Zeit erfolgt. Aus diesem Grunde empfiehlt sich eine Aufnahme der Berechnungsgrundlagen in die Vereinbarung.

Bei vorsorgenden Unterhaltsvereinbarungen – etwa bei Eheschließung – ist die Aufnahme konkreter Vorstellungen oder Verhältnisse nur insofern von Bedeutung, als es um die Vereinbarung von Rücktrittsrechten oder Bedingungen geht (siehe oben). Anlaß für eine eventuelle spätere Berufung auf Wegfall der Geschäftsgrundlage sollte nicht gegeben werden.

2.6 Abänderbarkeit, Wertsicherung, Auskunft

Vereinbarte Unterhaltsleistungen sind ihrerseits abänderbar aufgrund

- wesentlicher Änderung der Verhältnisse, § 323 ZPO,
- Wegfalls der Geschäftsgrundlage (siehe oben),
- grober Unbilligkeit gemäß § 1579 BGB (Soergel/Häberle § 1579, Rdn. 3)
- vertraglicher Änderungsvereinbarungen, insbesondere Wertsicherungsklauseln.

Eine umfassende Vereinbarung sollte ausdrücklich klarstellen, ob und inwieweit Änderungen der Vereinbarung vorgesehen sind. Möglich sind entsprechend der Skala der Unterhaltsmodifizierungen selbst:

- ein völliger Abänderungsausschluß,
- die Einschränkung oder sonstige Modifizierung der gesetzlichen Abänderungsmöglichkeiten,
- eine vollkommen selbständige Abänderungsregelung unter Ausschluß gesetzlicher Abänderungsmöglichkeiten.

Die Bandbreite an Regelungsmöglichkeiten steht sowohl zur Verfügung für Fälle, in denen der gesetzliche Unterhaltsanspruch ausgestaltet wird, als auch bei schuldumschaffenden Unterhaltsvereinbarungen. Unklarheiten können allerdings entstehen bei Abgrenzung der Abänderungsmöglichkeit vom Wegfall der Geschäftsgrundlage sowie im Falle einer schuldumschaffenden Vereinbarung bei der Frage, ob § 323 ZPO überhaupt Anwendung findet (vgl. Rau MittRhNotK 1988, 200). Zu beachten ist, daß sich bei vollstreckbaren Urkunden die Abänderungsmöglichkeit nach § 323 ZPO materiell nach § 242 BGB bemißt (BGH FamRZ 1986, 790; 1992, 538) und daß weder eine Präklusionswirkung nach § 323 Abs. 2 ZPO besteht noch

C. Unterhaltsvereinbarungen

§ 323 Abs. 3 ZPO eingreift, wonach eine Abänderung erst mit Wirkung ab Rechtshängigkeit möglich wäre (BGH FamRZ 1983, 21; 1983, 997). Dies ist Anlaß, in einer gründlichen Regelung beide Punkte anzusprechen.

Formulierung:

„Vorstehende Vereinbarung unterliegt der Abänderungsmöglichkeit gemäß § 323 ZPO. Die bei Abschluß der Vereinbarung zugrundegelegten Berechnungsfaktoren sind jedoch unverändert zugrundezulegen. Eine Berufung auf Wegfall oder Änderung der Geschäftsgrundlage wird im übrigen ausgeschlossen.

Die **Abänderungsmöglichkeit** nach § 323 ZPO kann infolge der Vertragsfreiheit sowohl ganz oder teilweise ausgeschlossen als auch einschränkend oder erweiternd modifiziert werden. Ein Ausschluß jeglicher Abänderungsmöglichkeit ist bei konkreter Unterhaltsberechnung sicher die Ausnahme, es sei denn, es findet eine Schuldumschaffung mit Abfindungscharakter statt oder es handelt sich um eine Unterhaltsverpflichtung mit kurzer Laufzeit.

Formulierung:

„Vorstehende Unterhaltsvereinbarung unterliegt keinerlei Abänderung, gleich auf welcher rechtlicher Grundlage.

Oder:

Vorstehende Unterhaltsvereinbarung unterliegt keiner Abänderung im Hinblick auf § 1579 Nrn. 6 und 7 BGB

Oder:

Vorstehende Unterhaltsvereinbarung unterliegt keinerlei Abänderung, soweit es den ausgewiesenen Altersvorsorgeunterhalt betrifft.

Oder:

Vorstehende Unterhaltsvereinbarung ist der Abänderung gemäß § 323 ZPO unterworfen. Eine Änderung im Wege der einstweiligen Anordnung gemäß § 620 ZPO oder im Wege eines sonstigen einstweiligen Rechtsschutzes ist jedoch unzulässig."

Nach BGH FamRZ 1983, 22 ist – wie gezeigt – eine Abänderung gemäß § 323 ZPO auch für die Vergangenheit denkbar. Dies wird vielfach nicht als sachgerecht empfunden und sollte dann ausgeschlossen werden.

Formulierung:

„Die Abänderung der Unterhaltsleistungen gemäß § 323 ZPO ist nur für den Zeitraum ab dem auf die Rechtshängigkeit einer entsprechenden Klage folgenden Monatsersten zulässig."

Ob und inwieweit einschränkende oder erweiternde Modifizierungen im übrigen angezeigt sind, ist Frage des Einzelfalles. Eine Änderung unterhaltsrechtlicher Leitlinien z. B. rechtfertigt im Zweifel schon ein Abänderungsverlangen (BGH FamRZ 1995, 146). Sinnvoll kann etwa eine genauere Konkretisierung der Abänderungskriterien sein, z.B.:

Formulierungen:

„Eine Abänderung gemäß § 323 ZPO wegen einer Änderung der wirtschaftlichen Verhältnisse des Unterhaltspflichtigen ist ausgeschlossen.

Oder:

... ist nur zulässig, wenn der gemäß vorstehender Berechnung ihm verbleibende Selbstbehalt 1500,– DM monatlich unterschreitet.

Oder:

... ist frühestens zulässig nach Ablauf von fünf Jahren ab Rechtskraft der Scheidung der Ehe.

C. Unterhaltsvereinbarungen

> Oder:
>
> Eine Abänderung vorstehender Unterhaltsleistungen gemäß § 323 ZPO wegen Veränderung der wirtschaftlichen Verhältnisse der Unterhaltsberechtigten ist (auf die Dauer von fünf Jahren ab Rechtskraft der Scheidung) ausgeschlossen, es sei denn, daß sie eine neue Ehe eingeht.
>
> Oder:
>
> ... ist ausgeschlossen bei Änderungen der Düsseldorfer Tabelle vor Ablauf von fünf Jahren ab heute."

Ein Abänderungsbegehren ist abzugrenzen von einem Zusatzbegehren. Regelt die Vereinbarung nur Teilleistungen – etwa vergleichbar einer Teilklage – wurde z.B. der Vorsorgeunterhalt bewußt ausgeklammert, wäre unabhängig von der Änderung der Verhältnisse eine Zusatzklage denkbar. Gegen eine solche Teilregelung spricht jedoch eine tatsächliche Vermutung, die in der Vereinbarung ausgeräumt werden müßte (BGH NJW 1985, 1701; Gottwald FamRZ 1992, 1374, 1376).

Formulierung:

> „Ein Anspruch auf Pflegevorsorgeunterhalt bleibt späterer Geltendmachung vorbehalten."

Es ist Frage des Einzelfalles, ob und inwieweit bezüglich der Abänderungsmöglichkeiten auf die Geldwertentwicklung Rücksicht genommen werden soll. Abänderung gemäß § 323 ZPO und Wertsicherungsvereinbarung schließen sich nicht grundsätzlich aus, das Verhältnis sollte allerdings klar geregelt sein. Bei schuldumschaffenden Vereinbarungen, die die gesetzlichen Unterhaltsbestände vollkommen verlassen, bedarf es einer ausdrücklichen Wertsicherungsvereinbarung, da § 323 ZPO nicht gilt. Im übrigen ist das Verhältnis in der Vereinbarung zu klären, wobei bei Ausgestaltung der gesetzlichen Unterhaltspflicht meist im Sinne der Homogenität der Regelung die Abänderung über § 323 ZPO offen bleiben sollte. Diese kann aber ihrerseits Elemente einer Wertsicherungsklausel enthalten.

C. Unterhaltsvereinbarungen

Formulierung:

„Vorstehende Unterhaltsvereinbarung unterliegt der Abänderung gemäß § 323 ZPO, sofern sich der vom statistischen Bundesamt festgestellte monatliche Preisindex für die Lebenshaltung (4-Personen-Arbeitnehmerhaushalt mit mittlerem Einkommen des alleinverdienenden Haushaltsvorstandes, Basis 1991 = 100) im Vergleich zur für den Monat November 1995 festgestellten Indexpunktzahl um mehr als fünf Punkte geändert hat. Ist eine Neufestsetzung gemäß § 323 ZPO erfolgt, gilt vorstehende Regelung für eine spätere Neufestsetzung mit der Maßgabe, daß als Ausgangspunktzahl die für den Monat der Rechtskraft der Abänderungsentscheidung festgestellte Indexpunktzahl gilt.

Oder:

Eine Abänderung der vorstehenden Unterhaltsvereinbarung gemäß § 323 ZPO ist nur möglich, wenn sich die auf der Seite des Unterhaltspflichtigen zugrundezulegenden Einkünfte von der Entwicklung des vom statistischen Bundesamt festgestellten monatlichen Preisindex für die Lebenshaltung (4-Personen-Arbeitnehmerhaushalt mit mittlerem Einkommen des alleinverdienenden Haushaltsvorstandes, Basis 1991 = 100) erheblich abweichend entwickeln. Eine erhebliche Abweichung liegt vor, wenn der Prozentsatz der Änderung der Einkünfte von der prozentualen Änderung des Indexes um mehr als zehn Punkte abweicht."

Derartige Vereinbarungen sind keine Wertsicherungsklauseln und deshalb auch nicht genehmigungspflichtig. Bei echten Wertsicherungsklauseln kommt eine Genehmigung nach § 3 WährG in Betracht, soweit eine Unterhaltsvereinbarung vom gesetzlichen Unterhaltsanspruch abweicht (Göppinger/Wenz/Märkle, aaO. (Rdn. 294). Ein entsprechendes Attest der Landeszentralbank sollte deshalb grundsätzlich eingeholt werden.

C. Unterhaltsvereinbarungen

Formulierung:

„Die Beteiligten vereinbaren, daß sich die vorstehend festgesetzten Unterhaltsleistungen um denselben Prozentsatz erhöhen oder ermäßigen, um den der vom statistischen Bundesamt festgestellte monatliche Preisindex für die Lebenshaltung (4-Personen-Arbeitnehmerhaushalt mit mittlerem Einkommen des alleinverdienenden Haushaltsvorstandes, Basis 1991 = 100) von dem gleichen Index für den Monat November 1995 abweicht.

Eine Abänderung findet jedoch nicht statt, wenn sich der Zahlbetrag nicht um mindestens 5 % verändert. Ist eine Änderung erfolgt, erfolgt eine weitere Änderung ebenfalls erst, wenn die Erhöhung oder Ermäßigung des Zahlbetrages mindestens 5 % ausmachen würde.

Die Unterhaltsleistung in der neu festgesetzten Höhe ist erstmals fällig zum 1. des auf den Monat, in dem die erforderliche Abweichung erstmals festgestellt wurde, folgenden dritten Monats.

Zu vorstehender Vereinbarung ist die Genehmigung gemäß § 3 WährG erforderlich, mit deren Einholung der amtierende Notar beauftragt wird. Sollte vorstehende Vereinbarung nicht genehmigungsfähig sein, tritt an ihre Stelle die Verpflichtung der Beteiligten, auf der Grundlage vorstehender Vereinbarung zum betreffenden Zeitpunkt über eine Neufestsetzung des Unterhaltes eine Vereinbarung herbeizuführen.

Jegliche Abänderung vorstehender Vereinbarung auf anderer rechtlicher Grundlage, insbesondere § 323 ZPO, ist ausgeschlossen."

Nicht genehmigungspflichtig ist eine Spannungsklausel, d. h. eine Anpassungsvereinbarung, die als Bezugsgröße für die Anpassung einen gleichartigen Wertmesser vorsieht, z. B. die Entwicklung eines bestimmten Beamtengehaltes oder eines Durchschnittsgehaltes einer bestimmten Angestelltengruppe.

Ein Abänderungsbegehren ist nur bei Kenntnis der Anspruchsvoraussetzungen möglich. Deshalb besteht gemäß §§ 1580,

1605 BGB ein **Auskunftsanspruch**, der ebenfalls genauer geregelt werden kann. Insbesondere ist bei schuldumschaffenden Unterhaltsvereinbarungen eine Regelung erforderlich.

Formulierung:

„Der Unterhaltspflichtige ist verpflichtet, bis spätestens 1. 3. eines jeden Jahres über seine Einkünfte und den Stand und die Entwicklung seines Vermögens Auskunft zu erteilen. Er bevollmächtigt hiermit unwiderruflich den Unterhaltsberechtigten, bei allen Stellen, insbesondere Arbeitgebern und Finanzämtern, die erforderlichen Auskünfte selbst einzuholen und alle Unterlagen einzusehen.

Oder:

Der Auskunftsanspruch des Unterhaltsberechtigten gemäß §§ 1580, 1605 BGB wird insoweit beschränkt, als lediglich die Vorlage von Steuerbescheiden verlangt werden kann. Liegt ein entsprechender Bescheid für das abgelaufenen Kalenderjahr bis zum 1. 3. des Folgejahres nicht vor, genügt zunächst eine von einem Angehörigen der rechts- und steuerberatenden Berufe ausgestellte Bescheinigung über die voraussichtliche Veranlagung.

Oder:

Der Unterhaltsberechtigte kann vom Unterhaltspflichtigen nur Auskünfte über Einkommen aus nichtselbständiger Arbeit verlangen. Weitergehende Auskunftsansprüche werden ausgeschlossen."

3. Kindesunterhalt

Kindesunterhalt wird meist abhängig vom Sorgerecht geregelt. Es ist nur eine Ausgestaltung des gesetzlichen Unterhalts möglich, § 1614 BGB. Soll das Kind Vertragspartner sein, ist die Bestellung eines Pflegers erforderlich. Üblicherweise wird allerdings ein Vertrag zugunsten Dritter, nämlich zugunsten des Kindes zwischen den scheidungsbeteiligten Eltern geschlossen. Im anderen Fall ist anders als im Gerichtsvergleich eine offene

Stellvertretung durch den nach § 1629 Abs. 2 BGB legitimierten Elternteil erforderlich (Soergel-Strätz § 1629 Rdn. 44). Inhaltlich gelten die Ausgestaltungsmöglichkeiten wie beim Ehegattenunterhalt, soweit die Vereinbarung den gesetzlich geschuldeten Unterhalt nicht unterschreitet. Es gelten folgende Besonderheiten:

- um Teilnichtigkeit zu vermeiden, sollte stets aufgenommen werden, daß mindestens der gesetzliche Unterhalt geschuldet wird.

- Abänderungsbeschränkungen bei Vereinbarung zugunsten minderjähriger Kinder (§§ 1612a BGB, 323 ZPO) sind nicht zulässig, wohl eine Konkretisierung, Vereinfachung oder günstigere Gestaltung des Verfahrens.

- meist empfiehlt sich eine Kopplung an das Sorgerecht.

Regelungen sind üblicherweise zu folgenden weiteren Punkten zu empfehlen:

- wer erhält Kindergeld, wie wird es auf Unterhaltsleistungen angerechnet?

- wem kommen Kinderfreibetrag und Ausbildungsfreibetrag steuerlich zugute? Diesem Ehegatten kommt insbesondere auch der Haushaltsfreibetrag für dauernd getrennt lebende gemäß §§ 31 S. 1, 32 EStG zugute.

- wer versichert das unterhaltsberechtigte Kind gegen Krankheit (bei Pflichtversicherung tritt die Kasse des sorgeberechtigten Elternteils ein), wer trägt die Kosten der Grund- und einer eventuellen Zusatzversicherung?

- wem steht der Zählkindervorteil zu?

Der sogenannte Zählkindervorteil entsteht, wenn auf einer Seite weitere Kinder vorhanden sind, dadurch, daß bei der Berechnung des Kindergeldes für weitere Kinder höhere Beträge angesetzt werden. Das Kindergeld selbst ist im Zweifel aufgrund der gesetzlichen Gleichwertigkeit der Unterhaltspflichten der Eltern zur Hälfte auf die Unterhaltsverpflichtung anzurechnen (BGH FamRZ 1984, 374). Der Zählkindervorteil soll hingegen dem jeweils begünstigten Elternteil voll verbleiben (BGH FamRZ 1984, 1000). Abweichende Vereinbarungen sind möglich.

Formulierung:

„Die Beteiligten vereinbaren, daß bezüglich der beiden minderjährigen Kinder Anna, geboren am 8.2.1984 und Stefan, geboren am 7.7.1986 dem Familiengericht ein gemeinsamer Sorgerechtsvorschlag unterbreitet werden soll, wonach die Beteiligte zu 2. das alleinige Sorgerecht übertragen erhält. Nachfolgende Vereinbarung steht unter der auflösenden Bedingung, daß dieses Sorgerecht der Berechtigten nicht mehr zusteht, sei es auch nur im Hinblick auf eines der genannten Kinder.

Der Beteiligte zu 1. verpflichtet sich, für jedes Kind eine monatlich im voraus zu entrichtende Unterhaltsrente von je 400,– DM, beginnend mit dem 1. des kommenden Monats, zu Händen der Beteiligten zu 2. zu zahlen. Die Kinder sollen hierdurch unmittelbar begünstigt werden und den Anspruch gegen den Beteiligten zu 1. geltend machen können. Mindestens wird jedoch der gesetzliche Unterhalt geschuldet.

Vorstehende Beträge werden zum 1.1. eines jeden Jahres um 6 % erhöht, erstmals zum 1.1.1997.

Das dem Beteiligten zu 1. von der Kindergeldkasse des Arbeitsamtes Köln gewährte Kindergeld für die genannten Kinder verbleibt diesem.

Oder:

... ist neben dem vereinbarten Unterhalt zur Hälfte zu Händen der Beteiligten zu 2. zu zahlen.

Der Zählkindervorteil verbleibt dem Beteiligten zu 1. alleine.

Die Beteiligte zu 2. stimmt gegenüber der Finanzverwaltung einem Antrag des Beteiligten zu 1. auf Übertragung

a) des Kinderfreibetrages gemäß §§ 31 S. 1, 32 EStG,

b) eines eventuellen Ausbildungsfreibetrages gemäß § 33a Abs. 2 EStG,

für alle vorgenannten Kinder und für alle künftigen Veranlagungszeiträume in voller Höhe der Freibeträge hiermit unwiderruflich zu. Ihr ist bekannt, daß die Übertragung des Kinderfreibetrages auch von Gesetzes wegen unwiderruflich ist. Die Beteiligte zu 2. verpflichtet sich zur Wiederholung dieser Zustimmungserklärung für jeden künftigen Veranlagungszeitraum, wenn und soweit seitens der Finanzverwaltung eine gesonderte Erklärung verlangt werden sollte. Der Beteiligte zu 1. verpflichtet sich, der Beteiligten zu 2. hierdurch entstehende Steuernachteile zusätzlich zu vorstehenden Unterhaltsleistungen mit diesen zusammen monatlich zu erstatten. Der Erstattungsbetrag beträgt zur Zeit 152,70 DM monatlich. Solange diese Erstattung erfolgt, stimmt die Beteiligte zu 2. dem Nebenwohnsitz des Kindes und dessen steuerlicher Zuordnung beim Beteiligten zu 1. zu.

Wegen aller vorstehenden Zahlungsverpflichtungen unterwirft sich der Beteiligte zu 1. den Berechtigten sowie der Beteiligten zu 2. gegenüber der sofortigen Zwangsvollstreckung aus dieser Urkunde in sein gesamtes Vermögen. Den Berechtigten – z. Hd. der Beteiligten zu 2. – soll auf Anforderung jederzeit eine vollstreckbare Ausfertigung dieser Urkunde erteilt werden können, und zwar in der Weise, daß auch behauptete Unterhaltsrückstände für das im Zeitpunkt des Antrags laufende und das vorangegangene Kalenderjahr vollstreckbar gestellt werden können, einschließlich eventuell aufgrund der Vereinbarung zwischenzeitlich eingetretener Erhöhungen. Eine Umkehr der Beweislast zu Lasten des Beteiligen zu 1. ist mit dieser Vereinbarung nicht verbunden."

4. Steuerfragen

Geschiedenen- oder Getrenntlebensunterhalt ist einkommensteuerlich nur aufgrund eines sogenannten „Realsplittings" gemäß § 10 Abs. 1 EStG als Sonderausgabe abzugsfähig, sofern der Empfänger der Versteuerung als Einkünfte zustimmt. Die entsprechende Zustimmung kann auch gleich für mehrere Jahre erteilt werden. Voraussetzung für eine Verpflichtung zur Zustimmung ist, daß der Empfänger von steuerlichen sowie im Einzelfall substantiiert vorgetragenen sonstigen Nachteilen freigestellt wird und ihm bei begründeter Besorgnis eine entsprechende Sicherheit geleistet wird (BGH FamRZ 1985, 1232).

Formulierung:

„Die Beteiligte zu 2. verpflichtet sich in Ansehung sämtlicher vorstehend vereinbarter Zahlungsverpflichtungen, für die Dauer der Unterhaltsleistung auf Verlangen des Pflichtigen im Januar eines Jahres für das Vorjahr die nach § 10 Abs. 1 Nr. 1 EStG erforderliche Zustimmung zum begrenzten Realsplitting zu erteilen. Der Beteiligte zu 1. verpflichtet sich, die Ehefrau von ihr entstehenden Steuernachteilen sowie sonst konkret nachgewiesenen Nachteilen infolge der Zustimmung freizustellen. Steuervorteile stehen dem Beteiligten zu 1. zu. Der Ausgleichsbetrag ist an die Beteiligte zu 2. binnen 2 Wochen ab Vorliegen ihres Steuerbescheides zu zahlen. Auf Verlangen hat der Beteiligte zu 1. in Höhe des für jedes Jahr zu erwartenden Nachteils zum Jahresbeginn Sicherheit zu leisten, was die Beteiligte zur Voraussetzung für die Zustimmungserklärung machen kann."

Im übrigen ist eine Berücksichtigung als außergewöhnliche Belastung im Rahmen des § 33a Abs. 1 EStG zu prüfen.

Handelt es sich bei der Vereinbarung nicht um eine Ausgestaltung der gesetzlichen Unterhaltspflicht, sondern um eine vereinbarte Schuldumschaffung mit Abfindungscharakter, bei der der Eingehung der Zahlungsverpflichtung eine Gegenleistung gegenübersteht, die auch zwischen Fremden vereinbart hätte werden können, so gelten die allgemeinen steuerlichen Grundsätze. Insbesondere bei Rentenzahlungsverpflichtungen ist dann zu beurteilen, ob für die Beteiligten die Behandlung als Rente gemäß § 22 Abs. 1 EStG oder als dauernde Last gemäß § 10 Abs. 1 Nr. 1 EStG günstiger ist. Eine Rente ist nur mit ihrem Ertragsanteil abziehbar und auf der Gegenseite zu versteuern. Sie muß mindestens zehn Jahre Laufzeit aufweisen und kann wertgesichert sein. Eine dauernde Last ist im Rahmen des § 10 EStG voll abziehbar und auf der Gegenseite voll zu versteuern. Maßgebliches Unterscheidungskriterium ist, daß bei einer dauernden Last die Abhängigkeit der Zahlungspflicht von Unterhaltsbedürftigkeit des Berechtigten und Leistungsfähigkeit des Verpflichteten erhalten bleiben muß, insbesondere die Abänderbarkeit nach § 323 ZPO (BFH BStBl 1974 II, 103).

Formulierung:

> „Als Gegenleistung für die vorstehende Übertragung des Miteigentumsanteils verpflichtet sich der Beteiligte zu 2., einen monatlichen Unterhalt von 1.200,– DM zu zahlen, zahlbar ab dem 1. des folgenden Monats zum ersten eines Monats im voraus. Die Leistungen sollen steuerlich als dauernde Last berücksichtigt werden können und unterliegen deshalb bei wesentlicher Änderung der Verhältnisse der Abänderbarkeit gemäß § 323 ZPO. Sollte diese steuerliche Behandlung von den Finanzbehörden nicht anerkannt werden, verpflichten sich die Beteiligten zur Änderung der Vereinbarung in der Weise, daß der angestrebte wirtschaftliche Zweck bestmöglich erreicht wird."

5. Auslandsberührung, deutsch-deutsche Fragen

5.1 Auslandsberührung

Nach Art. 18 Abs. 5 BGB gilt für Unterhaltspflichten deutsches Recht, wenn sowohl der Berechtigte als auch der Verpflichtete Deutsche sind und der Verpflichtete seinen gewöhnlichen Aufenthalt im Inland hat. Ferner gilt nach Abs. IV deutsches Recht, wenn eine Ehescheidung hier ausgesprochen wurde.

Im übrigen gilt als allgemeine Regel Art. 18 Abs. 1 EGBGB, wonach maßgeblich sind die Vorschriften des Rechtes des gewöhlichen Aufenthalts des Unterhaltsberechtigten, kann er danach keinen Unterhalt verlangen, das Recht einer gemeinsamen Staatsangehörigkeit. Kann danach ebenfalls kein Unterhalt verlangt werden, gilt hilfsweise deutsches Recht, Abs. 2.

Das Gesetz geht also so weit wie möglich davon aus, daß zu Gunsten des Unterhaltsberechtigten das deutsche Recht Anwendung findet. Vielfach empfiehlt es sich gleichwohl, bei gemischtnationalen Ehen ergänzend ausdrücklich die Anwendbarkeit deutschen Rechts zu vereinbaren und/oder eine Gerichtsstandsvereinbarung zugunsten eines deutschen Gerichtsstandes zu treffen.

Formulierung:

„Die Beteiligten vereinbaren, daß für eventuelle eheliche oder nacheheliche Unterhaltsansprüche deutsches Recht gelten soll, unabhängig davon, welche Staatsangehörigkeit oder welchen Aufenthalt Unterhaltsberechtigter und Unterhaltsverpflichteter zum Zeitpunkt der Geltendmachung des Unterhaltsanspruchs haben. Sie vereinbaren ferner für die Geltendmachung von Unterhaltsansprüchen als Gerichtsstand Köln."

5.2 Deutsch-deutsche Fälle

Nach Anlage I Kapitel III Sachgebiet B Abschnitt II Art. 234 § 5 des Einigungsvertrages gilt für den Unterhaltsanspruch eines Ehegatten, dessen Ehe vor dem Wirksamwerden des Beitritts in der früheren DDR geschieden worden ist, das bisherige Recht. Unterhaltsvereinbarungen bleiben unberührt. Im übrigen gilt bundesdeutsches Recht, sowohl für den Familienunterhalt und den nachehelichen Unterhalt als auch den Kindesunterhalt (allerdings mit anderen Anpassungsregeln für den Kindesunterhalt). Das „bisherige Recht" in diesem Sinne ist allerdings keineswegs immer früheres DDR-Recht. Bundesdeutsches Recht gilt, wenn der Unterhaltspflichtige vor dem Beitritt seinen gewöhnlichen Aufenthalt im Gebiet der Bundesrepublik Deutschland genommen hatte (BGH FamRZ 1994, 160; 1994, 562, bestätigt von BVerfG FamRZ 1994, 1453, BGH FamRZ 1994, 1582 mit Nachw. der Gegenmeinung).

Unterhaltsregelungen enthielten in der DDR §§ 17, 18 FGB für Ehegatten und 19 ff. FGB für Kinder. Allgemeine Voraussetzun-

C. Unterhaltsvereinbarungen

gen für Unterhaltsansprüche waren auch hier Bedürftigkeit des Berechtigten und Leistungsfähigkeit des Verpflichteten. Das als Grundlage für Unterhaltspflichten erforderliche „Familienrechtsverhältnis" konnte bei Scheidung der Ehe durch „gerichtliche Einigung" oder Entscheidung aufrechterhalten werden. Maßgeblich ist letztlich die vom Scheidungsgericht getroffene Regelung. Gesetzliche Unterhaltsansprüche bestehen nur zugunsten minderjähriger Kinder und zugunsten getrenntlebender Ehegatten.

Unterhaltsvereinbarungen zwischen geschiedenen Ehegatten konnten rechtswirksam nur im Scheidungsverfahren getroffen werden, § 30 Abs. 3 FGB, und nur zwischen Personen, die bereits kraft Gesetzes berechtigt oder verpflichtet sind. Das bedeutet, daß Vereinbarungen lediglich der Konkretisierung der bestehenden Rechtsverhältnisse dienen konnten (hierzu BGH FamRZ 1994, 562).

Entsprechend § 323 ZPO gibt § 22 FGB die Möglichkeit, Festlegungen der Unterhaltspflicht (Urteile, Einigung, Vertrag) bei wesentlicher Veränderung der Verhältnisse anpassen zu lassen. Im Falle der Ermäßigung können bereits gezahlte Beträge nicht zurückgefordert werden (§ 22 Abs. 3 S. 2). Ein spezieller Fall dieser Abänderung ist auch die Feststellung, daß die Unterhaltspflicht beendet ist. Der Unterhaltsanspruch erlischt

– durch Erfüllung,

– bezüglich Forderungen, die länger als ein Jahr vor der Klageerhebung entstanden sind (§ 20 Abs. 2), diese Regelung gilt jedoch nicht für nachehelichen Unterhalt,

– allgemein verjähren gerichtlich festgestellte Unterhaltsansprüche innerhalb vier Jahren, beginnend ab dem auf die Fälligkeit des Betrags folgenden Monatsersten.

Materiell ist Unterhalt üblicherweise zwei Jahre ab Scheidung zu zahlen, § 29 Abs. 1 S. 1 FGB, es sei denn, er wurde unbefristet zugesprochen, etwa wegen hohen Alters. Unterhaltsberechtigung ergibt sich bei Krankheit, Erziehung von Kindern oder aus anderen Gründen, soweit er „unter Berücksichtigung der Lebensverhältnisse, der Entwicklung der Ehe und der Umstände, die zur Scheidung geführt haben, gerechtfertigt erscheint",

§ 29 Abs. 1 Mindestens wird ein Jahr Ehedauer vorausgesetzt. Im gewissen Umfang gilt also ein Schuldprinzip. Findet wegen Übersiedlung in das Bundesgebiet bundesdeutsches Recht Anwendung (s. o.), so bleibt zwar für die Bemessung des Unterhalts nach § 1578 Abs. 1 BGB maßgeblich, wie sich die ehelichen Lebensverhältnisse bei Scheidung darstellten. Sie sind jedoch hypothetisch auf die bundesdeutschen Verhältnisse zu projezieren, da die Lebensumstände des Aufenthaltslandes entscheiden. Der wiedervereinigungsbedingte Einkommensanstieg ist daher zu berücksichtigen (BGH FamRZ 1995, 473).

Eine allgemeine Möglichkeit, vertraglich den Unterhalt zu regeln, sah das FGB nicht vor. Da seine Fortgeltung für Altfälle angeordnet ist, ist die Befugnis zu vertraglichen Vereinbarungen zweifelhaft. Folgt man dem Grundsatz, daß Unterhaltsregelungen – soweit sie zwingend sind – den Unterhaltsberechtigten und mittelbar den Staat vor Inanspruchnahme schützen sollen, dürften Vereinbarungen trotz der Fortgeltung des ehemaligen DDR-Rechts zulässig sein, soweit sie Unterhaltsansprüche zugunsten des Unterhaltsberechtigten ausgestalten oder begründen. Ferner sind Regelungen zulässig, die getroffene Unterhaltsregelungen bei wesentlicher Änderung der Verhältnisse diesen Änderungen anpassen, weil zu einer klageweisen Geltendmachung dann, wenn bereits eine einvernehmliche Regelung mit Vollstreckungsunterwerfung getroffen wurde, das Rechtsschutzbedürfnis fehlt. Insoweit gelten die Überlegungen zur Möglichkeit der vertraglichen Ausgestaltung gesetzlicher Unterhaltsanprüche auf Familien- und Getrenntlebensunterhalt nach BGB entsprechend.

Die gerichtliche Einigung im Sinne von § 30 Abs. 3 FBG steht einem Prozeßvergleich gemäß § 794 Abs. 1 Nr. 1 ZPO gleich, so daß die Abänderungsmöglichkeit gemäß § 323 Abs. 4 ZPO i. V. m. mit § 242 BGB – Wegfall der Geschäftsgrundlage – besteht (BGH FamRZ 1994, 562, 563). Über die durch den Beitritt bewirkte allgemeine Rechtsänderung hinaus bedarf es jedoch des Nachweises einer erheblichen konkreten Änderung der maßgeblichen Verhältnisse. Aus diesen Grundsätzen läßt sich umgekehrt die Möglichkeit zu einer die Abänderbarkeit beschränkenden Vereinbarung ableiten.

Formulierung:

„Die Beteiligten bestätigen die vor dem Stadtbezirksgericht B. am 13. 10. 1987 getroffene Einigung über Unterhaltsansprüche und vereinbaren, daß diese auch für die Zukunft keinerlei Abänderbarkeit – gleich auf welcher rechtlichen Grundlage – unterliegen soll."

Stichwortverzeichnis

Altersvorsorgeunterhalt 126, 135
Anfangsvermögen 17
– negatives 19
Anrechnungsmethode 135
Auskunftsanspruch 50, 148
Auslandsberührung 38, 118, 152
Aussiedler 44

Belchrungspflicht 115
Bereiterklärung 89
Betriebliche Altersversorgung 86
Betriebsvermögen 20

Dauernde Last 151
DDR-Bürger 44, 118, 155
– Güterrecht 45
Differenzmethode 135

Ehewirkungsstatut 39
Eigentumsvermutung 11, 22
Endvermögen 17
Ermittlungspflicht 113

Familienunterhalt 121
Flüchtlinge 44
Formbedürftigkeit von Vereinbarungen 116, 124

Gemischtnationale Ehen 41
Gesetzliche Rentenversicherung 49

Getrenntlebensunterhalt 121, 150
Gewahrsamsfiktion 11
Gütergemeinschaft 29, 68
Güterrechtsstatut 40
Gütertrennung 22

Haager Ehewirkungsabkommen 39
Härteregelungsgesetz 54, 89, 91
Höherversicherung 49

Kinderfreibetrag 148
Kindergeld 148
Kindesbetreuungsunterhalt 125, 133
Kindesunterhalt 147
Kontenklärung 50
Krankenvorsorgeunterhalt 126

Lebensversicherung 80, 101
Leibrente 129

Nachehelicher Unterhalt 123
Notunterhalt 126, 140

Pflegevorsorgeunterhalt 126, 139, 144
Pflichtteilsbeschränkung 32

Quasisplitting 50, 54

Realsplitting 150
Realteilung 51, 54, 83, 89
Rechtswahl 41
 – Güterrecht 41
 – Grundbesitz 42

– Ehewirkungen 43
Rückforderungen von Zuwendungen 28, 33

Schlüsselgewalt 12
Schuldumschaffung 128, 141
Selbstbehalt 136, 143
Sondergut 29, 31
Sorgerecht 125
Splitting 49
Supersplitting 59, 62, 84, 107

Unterhaltsberechnung 134
Unterhaltsstatut 152
Unterhaltsvereinbarungen 121, 154
– Abänderbarkeit 141, 142
– Befristung 132
– Steuerfragen 150
– Unterhaltsmaß 134
Unterhaltsverzicht 122, 125
– bedingter U. 130

Verfügungsbeschränkungen 13
Vermögensgemeinschaft 47
Vermögensverwaltung 13
Vermögensverzeichnis 12, 23
Versorgungsausgleich 49
– Abänderung 60, 84
– Abfindung 59, 93
– Ausschluß 74, 97
– Beitragsentrichtung 87, 112
– Härtefälle 105
– Randversorgung 99
– schuldrechtlicher V. 52, 54, 91

- Sittenwidrigkeit 73
- Sperrfrist 68
- Vereinbarung über V. 62
- verlängerter schuldrechtlicher V. 58, 60, 111
- Verzicht gegen Gegenleistung 100

Versorgungsausgleichsmodifizierung 81
- Ausgleichsform 87
- Ausgleichsquote 82
- Ausgleichszeitraum 81
- Bewertung 85

Zugewinnausgleich 16, 17
- Änderung der Berechnung 17
- Ausschluß des Z. 16
- Berücksichtigung von Schulden 37
- Erbschaftsteuer 21
- Schenkungsteuer bei Verzicht 27

Zuwendung zwischen Ehegatten 28, 32
- Rückforderung 33
- Verrechnung mit Zugewinnausgleich 34